OHSAMA BUNKO

話し方が
うまい人　へたな人

野口 敏

三笠書房

はじめに

「話し方」を磨けば、チャンスが集まる、引き上げてもらいやすくなる！

人に好かれる人、引き立てられる人、そして仕事ができる人は、例外なく**「言葉のキャッチボール」**がうまいものです。

さわやかで感じのいい「雑談」で、相手との心の距離をいつの間にか縮めていたり、自分の考えを、的確に、押しつけがましくなく伝えることで、相手からいつの間にか「いい返事」をもらっていたりします。

とりたてて言葉が巧みであるとか、すごい資格をもっているとか、一瞬で人目を集めてしまうほど見た目がいいとかいうわけでもないのに、なぜか人生がうまくいっている人たち。

彼らは、例外なく「うまくいくコミュニケーションのコツ」を心得ているのです。

この本を手にとった人のなかには、

「なかなか評価されなくて……」

「雑談がいつも弾《はず》みません」

「なぜかまわりから敬遠されている」

と悩んでいる人もいるかもしれません。

そうした方にこそ、この本で紹介する「話し方のスキル」を磨いてほしいと願っています。

あなたがどのようなお仕事をされているにせよ、コミュニケーション力を磨けば、今よりもっとチャンスが集まってきます。そして、引き立てられることが多くなってくるでしょう。

ここに、実力・年齢が同じくらいの人が二人いたとします。

一方の人は、コミュニケーションが苦手で、いつも一人で仕事を抱え込んでいる。もう一人は、言葉のキャッチボールがうまく、いつも周囲に人が集まってきている。

三年後、五年後、どちらの人が、より面白い仕事ができていると思いますか？どちらのほうが信頼されて、いいポジションにいるでしょうか。

おそらく後者と答える人が多いと思います。

周囲とコミュニケーションをとるのが上手な人は、上司から引き上げてもらいやすいですし、お客さまからも信頼されやすい。

それは、**人はどんな時でも「話しやすい人」と一緒にいたい**からです。

「話しやすい人」は、実力がちょっと足りていない時でも、まわりから快く力を貸してもらえます。なぜか「助けられて」しまうのです。

「大きな仕事をとってくるのがちょっと苦手」でも、人を介して願ってもない話がもち込まれたりします。

また、「忙しくて細かい事務処理ができない！」時にも、「やっておきましょうか？」と助けの手が差し伸べられるのです。


「自分一人でできること」には、限りがあります。だからこそ、「自分を支えてくれる人」といかに知り合うか、その人に気に入ってもらえるかが重要。そして、そのために欠かせないのが「会話術」なのです。

あなたのすてきな人柄や実力を相手にしっかりと伝えて、いい印象をもってもらうために、ぜひ、この本で紹介する「会話術」を身につけてください。

きっと、まわりの人たちと楽しく会話が弾み、人脈も広がって、気づけば「自分の望むステージ」へと運ばれていることでしょう。


この本では、緊張する場面でもスムーズに話すコツ、相手に気持ちよく話してもらうヒント、会議を活気あふれるものにするアイデアの引き出し方、雑談力の磨き方など、**知っていれば絶対に得をする「話し方のコツ」**をたっぷりお伝えしていきます。

また、話しかけても反応が鈍い人との会話を弾ませる方法、相手を怒らせてしまった時の謝罪方法など、困った時のお役立ちスキルも紹介していきます。

「会話のキャッチボール」で良好な人間関係、そして「いい人生」を築いていくために、ぜひ、本書を存分にお役立てください。

野口 敏

もくじ

1章 話し方ひとつで、人生は変わる

……「評価」「評判」、そして「運」まで好転！

2章 相手の心をひらく「聞く力」

……「この人になら話したい！」と思われるコツ

3章 誰とでもうちとける「雑談力」

……あらゆる場面で事がすんなり運ぶ！

4章 「会話がとぎれない」話し方

……いつでも自然体！　もうドギマギしない！

5章

「アイデアがはじける！」場のつくり方

……このひと言で「いいエネルギー」が循環し始める！

6章 大切なのは「気持ちのキャッチボール」

……だから信頼される！ 人が集まってくる！

編集協力　クリエイティブ・スイート　菅野秀晃
本文イラストレーション　平井さくら

1章

話し方ひとつで、人生は変わる

……「評価」「評判」、そして「運」まで好転！

「聞き役に回れる人」はチャンスをつかむ

人は誰でも、「気心の知れた人と一緒にいたい」「話をしていて楽しい人に側《そば》にいてほしい」と思うもの。それはプライベートでも職場でもまったく同じです。

「どうせなら気心の知れた人と一緒にはたらきたい」と思うのは自然な感情です。

だから、あなたが「話していて楽しい人」になれば、まわりの人にも気に入ってもらえ、チャンスも広がっていくのです。

そのために今日からできること。それは、「相手の話をしっかりと聞いて、き

ちんとあいづちを打つ」ことです。

あまりにシンプルすぎて、「えっ、たったそれだけ？」と拍子《ひょうし》抜けしたかもしれませんね。でも、これがコミュニケーションをとるうえで、最も大切な要素なのです。

たとえば、

「俺が新人だった頃は、今よりも、もっときつい時代でさ～。たとえば……」

といった話をされた時、あなたはどういう態度をとっているでしょうか。

「また、昔の話か……」

とつまらなそうな顔をする。あるいは、

「いや、今の時代も、きついことはありますよ。私はこの間……」

などと話を遮《さえぎ》る。

こんなことをしていないでしょうか。

話を遮られていい気分になる人はいませんから、余計な口をはさまずに相手の話を聞き、気持ちよく話してもらうのが肝心。

あなたと話していると気分がいいなと思わせることが、**好感度を上げたり、何かの機会に引き上げてもらったりするチャンス**につながります。

「それから、どうされたんですか？」の共感が効く

あなたが「聞き役に回る」ことで、相手は話していて気分がよくなりますが、とは言っても、ただ、

「はい、おっしゃるとおりです」

「へぇ、そうなんですね」

と返すだけでは、事務的な印象を与え「つまらない人」という烙印《らくいん》を押されることになりかねません。

ポイントは、単純にあいづちを打つだけでなく、「相手の話に共感している反応」を見せること。

「ええっ!? ○○さんにも、そんな時期があったんですか?」
「それって、めちゃくちゃ悔しかったですよね。それからどうされたんですか?」

このような反応をすると、「きちんと話を聞いていますよ」「あなたの話に興味がありますよ」という気持ちが伝わります。

人は真剣に話を聞いてくれる相手には、もっと話をしたくなるものです。こうした反応を間におさむように心がければ、話すほうも気持ちよく話を続けてくれるでしょう。

自慢話は「成功までのドラマ」として語ってもらう

「聞き役に回る」と言っても、自慢話の場合は、そもそもあまり面白いものでは

ないので、いつも自慢話を聞かされていると、さすがに疲れてしまいます。たとえば、

「会社の売り上げ、去年は○○億円だったでしょ？　私が○○億円まで引き上げたんだよ～♪」

のような「数字だけの話」はとくに退屈です。「すごいですね！」ともち上げたところで、面白い話には発展しません。

ですからここは、「中身のある話」に誘導すること。

「数字の話」ではなく、**「成功までのドラマ」「気持ちの変化」**を聞き出すのです。その人が自慢している数字を達成するまでには、さまざまなドラマがあったはずで、それを物語として語ってもらうのです。

「それだけの売り上げを出すには、とても苦労したのではないですか？」

「嫉妬《しっと》したり、嫌がらせをしたりする人もいたでしょうね」

いろいろと苦労されたのですね？
そうなのよ、実はこんなことが…

こう聞けば、誰もが「成功の背景にあった苦労話」をしてくれます。人は自慢話と同じぐらい苦労話を語りたいもの。苦労話には成功につながるヒントが隠されているので、聞いていても退屈しません。

気持ちよく話してもらえ、自分の利にもなる。相手の感情をくすぐって、うまくそんな話を引き出しましょう。

そのうえで、

「〇〇さんにも、耐えてきた時代があったんですね……」
「例の仕事をとってくるには、大変な苦労があったんでしょうね……」

などの言葉をかけられれば、きっと相手はあなたのことを「物事の道理がよくわかっている」と思い、何かあった時には必ず力を貸してくれるはずです。

「ちょっぴりオープン会話」で話がスムーズに

「今日はいい天気だね」

このように声をかけてもらうことは、よくあると思います。しかし天気の話をされても返答に困り、「そうですね」と当たり障《さわ》りのない返答をしたことはないでしょうか。

「余計なことは話すな」と勧める本もありますが、「いつも端的《たんてき》に答えるだけ」では会話も発展しませんし、「面白味のない人」と思われてしまうことも。

せっかく話しかけてくれたのですから、上手に言葉を返して会話をつなぎたいものです。

そこでポイントとなるのは、返答に少しだけ自分の話を加える**「ちょっぴりオープン会話」**です。

「そうですね」のあと、自分の話をちょっぴり付け足すのです。


「そうですね。私は自宅からスーパーまでけっこう歩くので、傘をもたなくて済むのは助かります」


このように自分の話を加えて返すと、相手に「私はあなたとコミュニケーションをとる意志がありますよ」と伝えることができ、それによって会話の発展が期待できます。

この例だと「自宅からスーパーまで距離がある」という情報を与えることができるので、「いつもどのぐらい歩いているの?」という相手からの返しも期待できます。

また、

「そうですね。私は雨が降ると頭痛に悩まされる体質なので、今日はとても快調です！」

と返せば、体調の話につなげることができます。「ちょっぴりオープン会話」をしてみると、それが話を広げる材料にもなるわけです。

その時の注意点は、自分の話はなるべく短く切り上げて、相手に反応するタイミングを与えること。自分の話ばかりする人に、いい印象をもつ人は、まずいません。会話も発展しませんから、ダラダラ話には要注意です。

相手が「返しやすい話題」とは？

「ちょっぴりオープン会話」で自分の暮らしぶりを話す際、相手がノッてきやすいキーワードは、「食べる」「着る」「お金を使う」。

これらは誰にとっても返しやすい話題なのです。

逆の立場で考えてみてください。あなたが「今日はいい天気ですね」と尋ねたあと、

「そうですね。ちょっと遠出してラーメンでも食べに行きたいです」

「そうですね。それに今日は暖かいから、コートを着ませんでした」

「そうですね。天気がいいと、お出かけしてついお金を使ってしまいますよね」

このようなフレーズが返ってきたら、会話をつなぎやすいでしょう。それは誰にとっても同じです。

端的に返すのではなく、相手がノッてきやすいフレーズを入れて返す。これがかわいがられる人になる会話の秘訣《ひけつ》です。

誰だって「ねぎらわれたい」

自分の思ったとおりに事が進まなかったり、「残念な結果」に終わったりしてしまうことはあるものです。そんな時はストレスも溜《た》まってしまいます。

とくに責任ある立場に就《つ》いている人、たくさんのスタッフをまとめなくてはならない人であれば、ストレスにさらされる機会も多いことでしょう。

かわいがられる人、引き立てられる人になって自分の人生に「いいこと」を次々起こすには、相手のストレスが溜まっているなと察知した時には、思い切って、

「私たちにストレスを感じられることも多いでしょうね」

「いつも苦労ばかりかけて、すみません」

と声をかけてみるといいでしょう。

「でも、目上の人や、立場が上の人をねぎらうなんて、気が引ける」と思うかもしれません。

ですが、こうした言葉をかけるのは、「相手を気にかけている」ということです。気にかけられて悪く思う人はいませんから、心配しなくて大丈夫です。

□「お手をわずらわせて、すみません」と声をかけたら……

気にかけてもらって気分を害する人はいませんが、ただ、相手によっては「言い方」を工夫する必要があります。そこでまずは、

「お手をわずらわせて、すみません」


と軽く探りを入れてみましょう。

それに対する相手の反応によって、こちらの対応が決まります。

「なんだ、わかっているなら、もう少しがんばってよ～!!」

といったように明るく、少し冗談めかした言葉が返ってきた場合は、

「○○さん！　いつも頼りない私たちのために、ありがとうございます！」


と、ストレートにねぎらうといいでしょう。

ですが、「いや、そうでもないよ」とあまり感情を表に出さない、出したくない様子を感じたら、言い方を変えましょう。

「そういえば○○さんは、後輩たちの間で評判がいいですよ」
「○○さんが指導した新人、けっこう評判がいいらしいですよ」

というように、「まわりの評価」を引き合いに出すのは、いい作戦。
また、

「○○さんが担当したプロジェクト、本当にすごいですよね」

と本人ではなく、その「成果」にフォーカスを当てるのもいいでしょう。
効果的にねぎらいの言葉をかけるには、「相手が何を言われると喜ぶのか」「どんな気遣いを受けると癒《いや》されるのか」について、細やかな観察が必要なのです。

かわいがられる人の「相談の仕方」

あなたはいつも、どのような形で人に相談をもちかけているでしょうか。

「すみません、ちょっと困っているのですが、どうしたらいいでしょう？」と、相手に丸投げするような、具体性に欠けた話し方では、相手は「面倒だな」と負担に感じるかもしれません。

また、何より主体性が感じられず、「自分で考えることを放棄《ほうき》している」と受け取られてしまいます。

誰かに相談する時は、「最終的に自分はどうしたいのか」、着地点を決めておくことです。たとえば、今、担当しているプロジェクトについて相談したいなら、最後まで自分が担当して仕事を完成させたいのか、それとも担当を変えてもらいたいのか、などを決めたうえで相談します。

「自分は、この仕事を最後までやりたいのですが、この部分で少し困っています。こうすれば解決できるかと思うのですが、いかがでしょうか？」

「私はこうした方向性で進めたいと考えているのですが、ご意見を聞かせていただけますか？」

このように、

「自分はどうしたくて」

「何を相談したいのか」

を、はっきりとわかりやすく伝えること。そして、自分でも解決策を考えたり、仮説を立てたりして、相手に判断してほしいポイントを明確にしておくこと。こうすれば相談されるほうも相談にのりやすいでしょう。

「ミスの原因」「反省点」は簡潔に伝える

また、時には仕事でミスをして、自分では対処しきれない状況に陥《おちい》ることもあるでしょう。そんな時、「怒られるのはイヤだな」という感情から報告や相談を先送りにするのはよくありません。

すぐに報告して謝り、対応について相談することです。

もちろん、「できれば、あまり怒られたくない」というのが人間の心情です。だからこそ、相手の「エネルギー」の向かう先をコントロールするのです。

「怒り」にばかりエネルギーを割《さ》くのは、相手も効率が悪いと理解しています。そのエネルギーを「事態の改善」に向けてもらうのです。

かわいがられる人は
「話のもっていき方」もうまい！

例：「ミスをしてしまった……！」

⇩

◇ ミスの原因
◇ 反省点

} 簡潔に伝える

⇩

「対応策」について相談する

「今回は、私の確認不足によってミスが起きてしまい、反省しております。今後は事前のチェックを徹底いたします。

つきましては、今回のミスによる損失を、どうすればリカバリーできるか、ご相談したいのですが……」

このように、ミスの原因、自分の反省点を簡潔に伝えたうえで相談をもちかけるのです。

そうすれば、相手も感情的になることもなく、すぐに相談に移ってくれることでしょう。

気持ちよく「話を通してもらう」コツ

自分の企画にどれだけ自信があっても、上司がNOと言えば、その企画が日の目を見ることはありません。

そんな時、「引き立てられる人」は感情的に相手につっかかったり、自分の意見を闇雲《やみくも》にぶつけたりすることはしません。

相手に気持ちよく企画を見てもらい、うまく話を通すことができるのです。

「相手をうまく巻き込む」のがポイント

たとえば、「この企画は、ちょっと難しいかもしれないな」と難色を示された時も、自分の意見を無理やり押し通そうとするのではなく、

「わかりました。もう少し考え直してみます」

と、相手の話を一度、受け止めること。

そのうえで、

「何が問題だと思われたのか、よろしければ教えていただけませんか？」

と教えを請《こ》うといいでしょう。

もちろん、その場合も、相手を立てる姿勢を忘れないことです。すると、相手も気持ちよくアドバイスすることができますし、あなたも会話の流れから改善点を見つけることもできるでしょう。

そして後日、

「以前にダメ出しされたこの企画ですが、やはりNGかなと思いつつも、練り直してみたのですが、見ていただけますか」

と、あくまでも低姿勢でアプローチしながら、修正した企画を再提出します。諦《あきら》めない姿勢を見せると、「粘り強さがあるな」という評価にもつながるはずです。

「相手をうまく巻き込む」ことこそ、話し方がうまい人になって、評価される第一歩なのです。

「頼られたい願望」をつついてみる

「自分一人で進めるには荷が重い仕事だな。でも、まわりに力を貸してくださいとお願いしても、『甘えるな』って、怒られるかも」

と悩むことはないでしょうか。気持ちはわかりますが、それほど悩む必要はありません。

なぜなら、**人は「頼られるとうれしい」と感じる生き物**ですから。

しかし、「言い方」には注意する必要があります。

「ぶっきらぼうで尊大だ」「生意気よね」と感じさせる話し方、無機質な頼み方では、相手は不快にしか感じないでしょう。

「あなたのお力を借りるしかない」作戦

まわりの人に気持ちよく助けてもらうためには、相手の「頼られたい」という欲求をうまく満たすことです。

「ずっと悩んでいたのですが……すみません、私では力不足で、どうにもできそうにありません。この件はもう、課長のお力を借りるしか考えられなくて」

「誰かに相談しようと思ったのですが、わかってくれる相手が○○さんしか思い浮かばなくて。お忙しいところ恐縮ですが、話を聞いていただけませんか？」

このように、相手に「自分でなければダメなんだな」と思わせる言葉をチョイスして伝えるのが秘訣です。

「あなたしかいない」と伝えると、人はより親身になって相談にのってくれます。

そうやってうまく相手の「頼られている感」を満たし、助けてもらいましょう。

相手に「ひと肌ぬいでもらう」コツ

ただし、あなたが「助けてください！」と相談しても、人によっては、「まずは自分でやってみたら？」と突き放すかもしれません。

そう言われるのを防ぐためには、まず、

「この件について、少しアドバイスをいただけませんか？」

と切り出します。

キュンッ
あなたしか思い浮かばなくて…

アドバイスなら、だいたいの相手はＮＯと言いません。「まあ、それぐらいなら」と気持ちよく答えてくれます。そして後日、

「先日アドバイスをいただいた件ですが、やはり私の力だけでは限界がありました。なんとか助けていただけないでしょうか」

などと切り出せば、「仕方がないな。乗りかかった舟だ」とひと肌ぬいでもらえる可能性が高まります。アドバイスを求めた時に「イエス」と答えているので、頼みごとを引き受けるハードルが下がっているからです。

つまり、本当にピンチで助けてもらいたい時は、二度目の相談で切り出せばいいのです。

いきなり協力をお願いするよりも、うまくいく確率は高くなります。

「こまめな相談&お礼」で相手を立てる

「一人で最後までやり遂《と》げる人」と、「相談しながらやり遂げる人」——どちらがかわいがられ、引き立てられるでしょうか。

じつは、かわいがられ、引き立てられるのは、往々にして後者のタイプなのです。

本当は自分一人でもきっちり仕上げられることであっても、

「私はこう考えているのですが、ご判断をいただけないかと思いまして」

「ご意見をお聞かせ願えないでしょうか」

こんなふうに相談されると、誰しも「私は頼られているんだな」と思い、よい気分になります。そして、うまくいった時には、

「適切な判断をいただいたおかげです」

と言えば、自分だけでなく相手の手柄でもあるとアピールできます。

また、相談した相手の上の役職者に対しても、

「○○さんのアドバイスなしでは、とてもうまくいきませんでした」

などと伝えれば、あなたが相談した相手が「とても頼りになる人物だ」とアピールできますし、あなた自身も好印象をその役職者に残すはずです。

逆に、誰にも相談せず「この仕事は自分だけで成功させたんだ」と、得意になる人もいます。ですが、自分の手柄ばかりアピールする人は、あまりよい印象を

だから、引き立てられる！
「自分も相手もうれしくなる」ひと言

⇨ 「あの時のご意見のおかげで
成功することができました！」

⇨ 「先輩のアドバイスなしでは、
とてもうまくいきませんでした！」

もたれませんし、反感をもたれたり、「生意気」と思われたりするリスクがあります。

「また助けてあげたい」と思われる人

また、相談にのってくれた相手にお礼を言う時にも、少し工夫すること。

「相談させていただいて、よかったです」

「あの時のご意見のおかげで、成功することができました」

「○○さんのひと言で決断ができまし

た」

このようにお礼を言えば、相手も気分がよくなり、「また助けてあげたい」と思ってくれます。

何かの時には、心強い「後ろ盾《だて》」になってくれるかもしれません。

相談にのってもらった時は、お礼をきちんと伝えるように心がけておけば、「望むステージ」により確実に到達でき、「いいこと」も集まってきやすくなるでしょう。

「話題」は自分からプレゼント

職場のエレベーターでたまたま一緒になった相手に、「最近、どう?」などと漠然《ばくぜん》とした質問をされて、返答に困ったことはありませんか。

ここで、「はい、順調です」と答えるだけでは、会話も成立しません。だからといって「具体的に何が、ですか?」などと聞き返すのも、あまりよろしくないでしょう。

こういう質問をしてきている以上、相手には「あなたとコミュニケーションをとりたい」という意志があります。

ですから、こういう場合は、**相手が話を続けやすいように、話題をプレゼント**してあげましょう。

「はい、順調です。企画も予定どおりに進めています」
「はい、順調です。先日の健康診断でも問題なしでした」
「ぼちぼちです。最近、出費が重なりますからね〜」

このように、具体的に「何が順調なのか」を付け加えることで、話題が決定します。

■「相手の反応」が薄かった時は――

そしてポイントは、話題を提供したあと、しばらく沈黙して相手の出方を見ることです。相手の反応がよくない時には、さらに次の話題をプレゼントします。

「企画をまとめるのは、とても大変でした」

「お酒が好きなので、絶対に数値が引っかかると思っていたんですけどね〜」

「友人の結婚式があったり、パソコンを買い換えたりしたんですよ」


こんな具合に小刻みに話題を提供していけば、相手からもいい反応が返ってくるでしょう。

もし、それでも会話がスムーズにいかないな、と感じたら、

「○○さんは、どうやって企画をまとめているのですか？」

「○○さんは、もう健康診断を受けられましたか？」

「○○さんは、家計の管理はどのようにされていますか？」

というように、自分から具体的に質問してみましょう。

「敵をつくらない」話し方

一緒にはたらいている人を「ライバル」と見なす考え方もあります。たしかに、競い合う面もあることでしょう。

ですが、気持ちよくはたらいて、チャンスをつかんでいきたいのであれば**「敵をつくらないこと」**が肝心。同僚のことを必要以上にライバル視していると、思わぬところで足を引っ張られるかもしれないからです。

「あの人は、何かと私に対抗してくるし、邪魔をしてきたこともあったな……」と思われると、悪い評判を流されないとも限りません。

だからこそ、一緒にはたらく人たちとは極力、「いい関係」を築くように心がけること。「どうしても、あの人とは無理」という相手には、必要以上に近づかなければいいのです。

ただし、営業成績のよい人や、成果を上げたりしている人を見て、悔しい思いをした時などは、その感情は表に出さず、相手を讃《たた》えるように努めましょう。

「さすがだよね。次は私も、もっとがんばらないと！」

このように笑顔で言える人であれば、競争相手であっても好感をもってくれます。

たとえ仕事で実績を上げていても、組織やチームの中で全体の「和」を考えられなければ、ポジションを上げてもらうのも遅くなりますし、大きな仕事を経験するチャンスを逃すことにもつながるのです。

「失敗談」を話すと親近感をもたれる

また、あえて自らの失敗談を話すことで共感を得るやり方もあります。

「この間、また課長に怒られちゃって……」

「何度も注意されたのに同じところでミスしちゃって。バカだよね、私も」

このように「あえて自分を下げる」ことで相手に親近感を抱かせるのです。

失敗談は誰でも必ずもっているもの。それを話すことで、相手に「この人も自分と変わらないんだ」と思わせるのです。

自分のことを賢く見せようという振る舞いは、大抵《たいてい》、見透《みす》かされています。あえてバカに見せるぐらいの余裕があるほうが、人として魅力的に映り、まわりの人たちとも気持ちよくコミュニケーションがとれるのです。

「失言」で損をしないために

理不尽な目にあったり、納得のいかないことが出てきたりした時に、溜まったストレスを、つい「グチ」という形で話してしまうこともあると思います。

ですが、気をつけてください。不満を口にする時は、相手を見極める必要があります。

気心の知れた相手なら、まだ安心でしょう。しかし、あまりよく知らない相手がいる席で誰かの悪口を言っていると、思わぬ形で広まってしまう可能性もあるのです。

「あのハゲオヤジが余計なことばっかりしてさー」

「部長は、なんにもわかってないんだよ！」

こんな発言が当の本人に伝わってしまったら、もう目も当てられません。

どうしても思い切った悪口を言いたい場合は、地元の友人や恋人、奥さんなど本当に信頼できる相手や身内に聞いてもらうこと。

ただし、「事実」は話してもかまいません。


「○○さんに提案する時は、具体性を厳しく突っ込まれるからな」

「部長はお酒が強いから、ついていくのはなかなか難しいよね」

「たしかに○○さんは、ちょっとだけ忘れっぽいところがあるかもしれないわね」


といった具合です。

うかつな失言で、チャンスや可能性をつぶしたり、信頼を失ったりすることがないように、十分に注意が必要です。

「否定」もせず「聞きに徹する」

とくに飲み会などでは、会社の不満・悪口大会になりやすいもの。あちこちで盛り上がり、自分にも、

「課長って、本当にムカツク！　あなたもそう思うでしょ？」

と水を向けられることがあるかもしれません。そんな場合は、「聞きに徹する」ことで難を逃れられます。

「なるほど、〇〇さんのよさを、わかってもらえていないんだね」

「うーん、それは難しいところだよね」

と、否定はせず、しかしけっして悪口を肯定しないように、うまくかわしてください。ちなみに「悪口はよくないよ」などと非難するのは、逆効果です。

「ちょっぴり凹んでいる自分」を見せてみる

手がかかる仕事を振られて難渋《なんじゅう》している時、まわりから気遣いの言葉をかけられたら、どう返しますか？

弱気な自分を見せたくなくて、

「ぜんぜん平気だよ。これぐらい、なんてことないし」

と強気な発言をする方も多いかもしれません。

ポジティブな姿勢は大いにけっこうですが、それがすぎるのは少し考えものです。

「弱み」を見せると心がつながる

逆の立場で考えてみましょう。

あなたが明らかに具合が悪そうな相手に声をかけた時、「別にしんどくないよ」と返された場合と、「じつはちょっとだけ、つらくてさ……」と返された場合では、どちらに親近感をもつでしょうか。

人間は多少の弱みを見せてくれる人のほうに、親近感をもちます。**「本音を話してくれている＝自分は信頼されている」と感じる**からです。

いつもグチや弱気な発言ばかりではいけませんが、時には「ちょっぴり凹《へこ》んでいる自分」を見せると親近感がアップします。あまり話が弾まない人と一緒にいる時は、

「もう、ぜんぜん資料づくりが間に合わないよ～」
「残業が多いと腰にくるね」
「お金って貯まらないね～」
「最近、朝起きるのがつらくてさ」

といったネガティブな話題を振ってみるのも、ひとつの方法です。
「腹を割って話してくれている」と思われて、自分の評判にもプラスにはたらくかもしれません。

「皆さんのおかげです」は魔法ワード

日々の仕事をこなしていくうちに、成果が出て評価されることもあるでしょう。

そのような時、どんな態度をとりますか。

「やった！　やっと実力が認められた！」

「よっしゃー！　まあ、俺が一番がんばっていたからなー！」

このような言葉を言っているなら、今すぐに意識を改めてください。周囲の信頼を失い、「気づいたら、まわりから浮いていた」なんてことにも、なりかねません。

たとえ、ほぼあなた一人の力で成し遂げた仕事だとしても、謙虚な心を忘れないこと。会社や組織、チームという大きな枠のなかではたらいている以上、実際にあなた一人で成し遂げた仕事など、ないはずなのです。

直接的には関係がなくても、コピーをとってもらったりアドバイスをもらえたり、そういう細かな部分で周囲に助けられているのです。そうしたまわりの助力、気遣いにしっかりと感謝できる人が、実力に伴って、正当に評価を受けるのです。


「この成功は皆さんのおかげです！」

「自分一人の力では、ここまでの成果は出せませんでしたよ」

「私が評価されたのは、たまたまです」

「チームの皆さんのおかげです」

「普段から私を支えてくれる仲間がいたからこそです！」


こうしたひと言がサラリと言える人が、人をうまくまとめていくことができる

まわりの人から信頼されて「正当に評価される」ひと言

「自分一人の力では、ここまでの成果は出せませんでした」

「普段から私を支えてくれる仲間がいたからです！」

人です。

上に立つ人間に求められるスキルとは、「全体の調和がとれる」「管理ができる」ということですから、周囲の人への目くばり、感謝をいつも意識してください。

そういう意識をもって、実績を積み上げていけば、必ず引き立てられる人になれるはずです。

「自分のがんばりを認めてほしい！」時は

そうは言っても「自分が一番がんばった」と思いたくなる場面はあると思います。

人より多くの残業をした、人よりたくさんの企画を出した、人よりも多くの営業先を回ったなど、仕事の量やそれに割いた時間、労力は、必ずしも全員が同じではありません。

それを認めてほしいという気持ちは、あって当然です。そんな時は、本当に信頼のおける、ごく限られた人だけに話しましょう。

「じつは僕が会社で一番がんばったんだ」

「みんなより休日出勤をしていた甲斐《かい》があったよ」

恋人やパートナーなどの身内であれば、このようなあなたの本当の気持ちを吐き出しても、受け入れてくれるでしょう。

2章

相手の心をひらく「聞く力」

……「この人になら話したい！」と思われるコツ

「相手の気持ちを想像できる人」になる

話し方がうまくて引き立てられる人、信頼される人、かわいがられる人は**「相手の話にいい反応ができる人」**と言えます。

たとえば、

「この前、カラオケで、念願の百点を出したんだよ！」

と話しかけられたとします。そんな時、まずは「おめでとうございます」と返すと、相手も気分をよくするでしょう。

しかし、ただ「おめでとうございます」と言うだけでは、少し味気ないように思えます。どうせならここは、もうひと工夫したいところです。

たとえば「おめでとうございます」のあとに、

「もはやプロの領域ですね♪」

「それは感激だったでしょうね！」


このようなひと言を付け加えれば、相手はもっと喜びます。

「そうなんだよ。今までの最高得点は九十四点だったんだけど……」

と気分よく話を続けてくれるかもしれません。


「いい反応」は会話術の基本です。

会話を弾ませるのに本当に大切なのは、**相手の話にうまく反応する「聞く力」**なのです。

会話は「気持ちのキャッチボール」

「聞く力」をつけるのに必要となるのは**「想像力」**です。話している相手の気持ちを想像して共感できれば、上手な聞き方、つまり「いい反応」ができます。

先ほどの例では「念願の百点」と相手が言っているので、相当喜んでいるのだとわかります。表情もうれしそうなはずなので、相手の浮き立つような気持ちを想像して**「共感」**すればいいわけです。

人は共感してくれる相手に好感を抱きます。「この人は自分の気持ちをわかってくれている」と思うからです。

相手がうれしい時は一緒に喜び、悲しい時は一緒に悲しむ。

会話は「言葉のキャッチボール」であると同時に、**「気持ちのキャッチボール」**でもあるのです。

相手が望む「いい反応」をするために

相手の気持ちが想像できなければ、共感もできず、相手が望む「いい反応」ができなくなってしまいます。

たとえば、

「この前カラオケで、念願の百点を出したんだよ！」

「この前ゴルフで自己ベストを出したんだよ」

といった言葉に対して、

「どんなメンバーで行かれたんですか？」

「冬なのに寒くなかったですか？」

などと、「相手が望んでいないポイント」で反応してしまうのは避けたいところです。

まして、

「百点といえば、この間ウチの息子がテストで百点をとりましてね」

と、相手の話を無視して自分の話をするのは論外です。

ここでは、

「すごいですね！　どうすればそんな成績が出せるんですか？」

などと返すといいのです。

楽しく会話を弾ませるには、いい話題を探すよりも、「話している相手の気持ち」に注目すること。相手の気持ちをしっかりと受け止めて反応することで、相手の信頼も手にすることができるのです。

「聞く力」がつくほどに、あなたは話し方のうまい人になれるはずです。

おお〜〜!!
すごいですね!
カラオケ
100点だぜ
気持ちを大事に
キャッチしてほしいな

「自分が話したい気持ち」をちょっと抑える

「聞き上手な人は、必ず引き立てられる人」と言っても過言ではありません。

聞き上手になるための基本は、「自分は話を真剣に聞いてもらっている」と相手に思わせることですが、ここで、もう一歩踏み込んだテクニックを紹介しましょう。

まずは「相手の話にきちんと反応する」を徹底すること。きちんと反応を見せていなければ、聞いていないのと同じです。

たとえば相手が、「昨日は偶然、有名人の○○を見かけたんだ」と言ったところで、あなたが「ふーん」としか返さなかったら、どうなるでしょうか。相手は自分の話を聞いていないのかと残念な気持ちになるでしょう。

逆に、「え、そうなの!?」と大きな反応を見せれば、相手も気分がいいはずです。このように、いい会話は、いい反応から生まれるものです。

話を広げられる人、話の腰を折ってしまう人

そして、「いい反応」を見せたあとに、自分の話にもっていくのは避けたいところです。たとえば相手が前述の話をしたあと、自分もその有名人を街で見たことがある場合、

「え、そうなの!?　じつは私も昔、見かけたことがあるんだ」

と、ついつい言ってしまいがちです。

しかし**相手は「自分が見た」という話がしたい**ので、こうした反応では、話の腰を折ることになってしまいます。

ですので、まずは「相手の話を広げること」に意識を向けましょう。うれしそうに話しているなら、

「え、そうなの!? なかなか出会えないのにラッキーだったね♪」
「え、そうなの!? うらやましいな!」

といったように、**「相手の気持ちを盛り上げる言葉」**を返すのです。

同様に、「昨日、大事なグラスを割っちゃって」と聞いたら、

「そうなの!? 自分も経験あるなぁ」ではなく、

「そうなの!? それはショックだね」

と返すこと。そうすることで「この人と話をしていると気持ちがいい」と思ってもらえ、いざという時にはあなたの味方になってくれるでしょう。

「最初に投げられた言葉のボール」の返し方

初対面の人と話をする時に覚えておきたいのは、**人の印象は出会って数十秒で決まる**ということ。

初対面の「はじめまして」の挨拶《あいさつ》が済んだあとは、自己紹介的な会話になることが多いでしょう。

よくあるのが、「今の仕事」や「住んでいる場所」の話です。

そして、初対面でとくにしっかり反応したいのが、相手の「最初の言葉」です。

「私は十年ほど前に独立しまして」

「私は大阪に住んでいます」

相手がこのような話を切り出してきた場合、あなたはどんな反応を示しますか。

「じつは私も将来、独立を考えているんですよ」

「私は京都の出身です！」

といった具合に、**自分の話をするのはＮＧ**です。

早く相手に自分のことを理解してもらいたいという気持ちはわかりますが、これだと会話のキャッチボールになっていません。


せっかく相手が「話題」を出してくれたのですから、まずはそこにきちんと反応すること。

つまりここも、前の項目と同じく、

「十年前ですか……」

「あ、大阪なんですね！」

が正解です。

「会話を続けなければ」と焦らない

しかし、相手の話に反応したあと、すぐに、

「独立のきっかけはなんですか？」

「大阪のどちらにお住まいですか？」

などと矢継ぎ早《ばや》に質問するのは避けましょう。初対面だからこそ、「会話を続けなければ」という焦《あせ》りが出てしまうものですが、これだと相手が自由に話すタイミングを失ってしまうことにもなりかねません。

ここは落ち着いて、初めの言葉にしっかり反応したあとは、いったん待つのがよいでしょう。いい反応ができれば、相手はそのまま話を続けてくれるはずです。

数秒待って話が出てこないようなら、そこで質問を投げかけるようにしましょう。そして、また数秒待つ。

反応を見せたあと、相手の出方を見ることがポイントなのです。

あいづちにバリエーションをつける

会話で「いい反応ができる人」とは、「上手にあいづちを打てる人」と言い換えることもできます。

あいづちは、ただ打てばいいというものではありません。たとえば、

「昨日、弁当が安い店を見つけたんだ」

「今度始まる新作ドラマは、〇〇が主演なんだって」

「通勤途中で足首をひねっちゃってさ」

といった話題のいずれに対しても「そうなんだ！」と返すだけでは芸がありま

せん。

あいづちは「そちらの話をきちんと聞いているよ」というアピールですから、そこには少しでも「自分の気持ち」をのせて返すべきなのです。

「はい」の返事ひとつに、どんな感情をのせるか

仮に同じ「そうなんだ」と返す場合でも、「昨日、弁当が安い店を見つけたんだ」という話をした相手には、「へー♪　そうなんだ」と、**喜びの感情**を含めたあいづちで返します。

「今度始まる新作ドラマは、○○が主演なんだって」と言った相手には、「ええっ!?　そうなんだ!」といった**驚きの感情**を。

「通勤途中で足首をひねっちゃってさ」には、「えー……そうなんだ」といった**悲しみの感情**を込めて返します。

つまり、相手の感情に寄り添う形で、あいづちにバリエーションをつけるのです。こうすることで、「きちんと話を聞いているよ」というメッセージが、より明確に伝わります。

目上の人にあいづちを打つ場合は「はい」が多くなるでしょう。

ですが、

「はいっ！」
「はい……」
「はい♪」

と、その時々の感情を込めることで、それぞれ違うあいづちに聞こえてくるのです。すると、**「反応が豊かで面白い人」**と思ってもらうことができるのです。

いつも一定のトーンで返してばかりいると、「話を聞いていない」とか「つまらない人」と思われてしまうので要注意なのです。

へえーっ
えー……
ええ?!
君の反応って
ホントに面白いなあ……
秘技
三面観音返し

相手が話にノッてくるうまい「反応術」

話し方がうまい人は、

「具体的にはどういうことですか？」

「要点を手短に話してください」

と詰め寄るように聞くことは、あまりありません。

このような聞き方をされると、人は「何かいいことを言わなくてはいけない」と思ってしまいます。すると、緊張してしまい、柔軟なアイデアが出にくくなるのです。

逆に、

「なんでも自由におっしゃってくださって、けっこうですよ」

「思いついた単語だけでも大丈夫です」

このように言われると、気がラクになります。それによって、いろいろな言葉が出てくるかもしれません。自由に話しているうちに、本人も「これが言いたいことだった」と気づくものです。

少し「大げさなくらい」でいい

そして、自由な発言を求めてみたものの、なかなか具体的な情報が出てこなかったり、ピントのずれた答えしか返ってこなかったりしても、会話をとぎれさせたり、無理に方向を変えたりする必要はありません。

「今の、いいですね！」

「そのお話、面白いじゃないですか」

などと盛り上げてください。

すると、発言した人は「もっと話したい」気持ちになり、会話にもますます勢いが出てくるでしょう。

その時に、

「あ、今のいいじゃないですか！」

「もっと続けてください！」

「出てきましたね～」

というような言葉を入れると、本当にアイデアが出てきたりするものです。

〝アイデアの芽〟をつぶさない工夫を

相手から少しずつキーワードが出始め、そのキーワードに対するあなたの反応によって、ひとつのアイデアが生まれたとします。

あなた「レジャーについて自由に話してみましょうか」
相手「冬のレジャーというと……、来週スキーに行くんですけど」
あなた「へえ、スキーですか♪」
相手「そうだ、次のテーマはスキーにしませんか？」

ここでもし、「スキーは違う」とあなたが思っていたとしても、**まずは相手の言葉を受け止める**のが信頼されて味方が増える人、なぜか情報が集まってくる人の話し方でしょう。

話を盛り上げ、
会話に勢いをもたせたいなら…

「今の、いいですね！」

「もっと続けてください！」

「そのお話、面白いじゃないですか！」

まずは「相手の言葉」を受け入れる！

×「いや、スキーはちょっと……」
○「ほう！　スキーですか（数秒待つ）」

人は自分の意見を聞き入れてくれる相手に、安心感や信頼感を抱きます。するとと、相手も話がしやすくなります。その結果、相手からいい情報や、いいアイデアを引き出すことができるようになるのです。

あなたの意見を優先するより、まずは相手を肯定してみましょう。

「否定」から入らない

読者の中には後輩やスタッフ、部下の指導を任されていたりして、「彼らが何を考えているかわからない」という悩みを抱いている人もいるかもしれません。

相手の「本音」を引き出すには、普段からいい人間関係を築いておくことが必要です。

ではどうすれば、そのような関係を築けるのでしょうか。

それにはまず、**相手の言葉を否定しない**ことです。

まず「受け入れる」から歯車もスムーズに回る

たとえば、あなたが指導している相手から何か意見を言われた時に、

「それ、ダメだな」

「本当にそれでいいと思ってるの？」

など、否定的な返事ばかりしていたらどうでしょう。

「この人には、何を言っても無駄《むだ》だな」と思われてしまいます。するとチームワークもいまひとつになるでしょうし、あなたの指導力も大したことがないと思われてしまうことにつながります。

「なるほどね、そういう見方もあるね」

「なるほど、その意見も一理あるね」

「ああ、そんなふうに思っていたんだ」

というように、まずは相手の意見を受け入れること。

また、自ら歩み寄って批判的な意見を聞いてみようという場合も、

「何か悪いところがあれば言ってくれ」

という言い方ではなく、次のように話してみてください。

「今の環境はどうかな。何か変えたほうがいいと思うことがあれば、遠慮なく言ってもらえると助かります」

これなら相手も自分の意見を「批判」でなく「改善案」として認識してもらえるとわかるので、話しやすくなるでしょう。

「一緒に考えていきましょう」の姿勢で

「今回の企画のテーマは〝和風〟でいこうと思う」

新しい企画の話をしている時に、このように抽象的なことを言われて困惑した経験はないでしょうか。

こんな時にも、あなたの「聞く力」が試されています。

ストレートに「どういうことでしょうか？」と尋ねたり、「抽象的すぎるので、それはちょっと……」と否定したりするのは、失礼な感じがしますし、言ったほうは気分を害するかもしれません。

しかし、提案した人が意図しているところを聞き出し、つかみどころがないテーマの内容を具体的にしていかなければ、話は先に進みません。

もしかすると、「和風でいこう」と提案はしたものの、提案したほうもまだ明確なイメージがつかめていないのかもしれません。ですので、ここは、

「おお！　和風ですか」

と、まずは提案者の言葉を受け入れ、共感すること。そうすれば「自分のアイデアも、まんざらではないのかな」と安心してもらえます。

あとは話の中身を具体的にしていく作業が必要です。ただし、ここで提案者だけに具体的な内容を考えさせてはいけません。提案者にプレッシャーがかかり、話し合いが停滞してしまうかもしれないからです。

こうした状況では、誰かが協力してくれると落ち着いてアイデア出しができます。だから、**「一緒に考えていこう」**という姿勢をもち、足りない部分をみんなで補っていくことが大切です。

「私も和風はいいと思います。一緒に詰めていきましょう！」

このひと言で共同作業をしているという自覚も深まり、仕事がスムーズに進むはずです。

とにかく焦らず「自由な発言」を促す

一緒に考えることにしたあとは、どうやって抽象的なアイデアを具体的にしていけばいいでしょうか。その際もおたがいに焦らず、

「単語でもいいので、和風のイメージをたくさん挙《あ》げていきましょうか」

などと自由な発言を促《うなが》すこと。

単語であれば難しくありませんので、「桜」「着物」「割り箸《ばし》」「日本酒」「ふすま」などの言葉がポンポンと出てきます。ひとつずつでは無意味な単語でも、それらを組み合わせることで次第に方向性が見えてくるはずです。

「これは、いいですね！」と全員が賛同できるものが見つかるかもしれません。

「〜でしょうね」
——たったこれだけで会話が広がる

「昨日、前評判の高かった映画を観てきたんだ」

このように話しかけられたとします。上手な返答をして会話を発展させたいとして、次の二つの返答のうち、どちらのほうが会話が続きやすいと思いますか？

「そうなんですか、面白かったですか？」
「そうなんですか、面白かったでしょうね」

同じようなフレーズですが、会話の広がり方はぜんぜん違います。

まずは「面白かったですか?」のほうから考えてみましょう。こう尋ねられた場合、相手は「面白かったこと」を探して答えねばと感じるため、「ああ、面白かったよ」「うーん、まあまあかな」といった具合に返答が限定されてしまいます。口下手な人ならなおさらで、ここで会話が止まってしまう恐れがあります。

さまざまな話に発展可能なフレーズ

では、「面白かったでしょうね」なら、どうでしょうか。もし、相手が面白いと感じていたら、

「そうなんだよ! とくにラストシーンまでの伏線《ふくせん》の張り方が……」

とノッてきます。

一方で「イマイチかな」と思った場合でも、

「いや、ラストシーンはよかったんだけど、そこまでの過程に無駄が多くて……」

と話が盛り上がります。

また、「映画は面白かったんだけど、館内で携帯電話の音を鳴らした客がいたから、気分よく観られなくてさ」など、映画の内容と直接関係のない話に発展するかもしれません。

こうしたリアクションは、「面白かったですか？」という限定された聞き方では引き出しにくいものです。**語尾を「でしょうね」にすると、話し手は自由に話を続けることができる**のです。

この「やわらかいニュアンス」が肝

あまり面識のない相手から情報を引き出したい時も、

「もうご結婚はされていますか？」

「何かスポーツをされていたんですか？」

と迫るように尋ねてしまわないよう、注意したいところです。

一方、「でしょうね」で尋ねるとどうでしょうか。話し手の想像をまじえたフレーズになるため、やわらかいニュアンスで伝わります。


「もうご結婚をされているのでしょうね」

「スポーツをされていたんでしょうね」


これだと返事がＮＯの場合でも答えやすいうえに、

「そう見えますか？　結婚はしたいと思っているのですが、じつはまったく縁がなくて……」

「そう見られがちですが、小学生の頃に少し野球をやっていた程度で、その後はまったく……」

と、ほかの情報まで引き出すことができます。そこから会話を広げ、いろいろな情報を集めることができるので、「でしょうね」の使い方は、ぜひ覚えておきたいところです。

ネガティブな話から「本音」を引き出すには

「相手に気に入られる話題」とは、必ずしもポジティブな内容のことばかりではありません。**時にはネガティブな話のほうが喜ばれる**こともあります。コミュニケーション能力の高い人は、そこを上手に使い分けています。

生活にはストレスがつきものです。仕事、家庭、恋人。多くの人はさまざまな面で気苦労を抱えているので、そこをうまく突く会話術を身につけましょう。

たとえば、ランチタイムに職場の近くを歩いていたら、同僚が奥さんと電話でケンカをしている場面を目撃してしまった場合。あとで、

「仲のいい証拠ですね♪」

などとポジティブに話しかけると、皮肉と受け取られたり、ムカッとされたりすることにもなりかねません。

こういうシチュエーションでは**「お気持ち、お察しいたします」ということをアピール**すべきです。

ストレスを「吐き出させて」あげる

そこで前項でも紹介した「でしょうね」の出番です。

「夫婦やっていましたら、色々あるでしょうね」

こう言えばやわらかいニュアンスになるので、言われたほうも気まずさをうまく処理できるでしょうし、「そうなんだよ」と話をしてくるようでしたら、グチを聞いていれば好感度アップです。

このように「でしょうね」を使うと、相手が溜め込んでいるストレスを吐き出させることもできるのです。

「年末年始は、さぞお忙しいことでしょうね」

「子育てに疲れ果てる時もあるでしょうね」

ストレスからくるグチは、誰でも話したいもの。共感してくれる相手にであれば、なおさらです。

あなたがグチを聞いてあげれば、相手はあなたのことを「話のわかる人」と思い、信頼を寄せるはずです。

ただし、ストレスを吐き出させてあげる時の注意点があります。それは、**「場所」と「時間」を選ぶ**こと。職場などではなく、外出した時や昼休みの時など、タイミングを見はからうことも大切なポイントです。

「プライベートなこと」の尋ね方

相手と心をひらいて話す機会が増えるほど、信頼が深まり、その人はいざという時にあなたの味方になってくれ、何かの時に力を貸してくれたりするものです。

そのためにも、相手の「プライベートなこと」について、うまく話を聞くことができると、その後の関係もスムーズになると思います。

ただ、「出身地はどこか」「結婚をしているかどうか」などについて、他人にあまり話したくないという人もいるので、ストレートに尋ねてもよいかどうか、見極めが必要です。

最も確実な方法は、**相手のほうからプライベートな話題を出してきた時に、少し踏み込んで聞いてみる**ことでしょう。

たとえば、

「この間、久しぶりに里帰りをして地元の名産品を買ってきたんですが、これがオフィスのみんなに好評でして……」

という話が出たとします。この場合、その人は「里帰り」「地元の名産品」の話がしたいからこの話題を出しているので、出身地を尋ねることは別に失礼ではありません。

また、

「先日、お見合いパーティに行ったのですが……」

という話を出してきた場合も同じです。切り出された話題はそれについて尋ねてほしいというサインですので、「結婚願望」や「お見合いパーティ」の話を遠慮せずに聞くことができます。

「かまいませんか?」で反応を見る

しかしこの方法だと、相手がプライベートな話題を出してくるまで待たなければなりません。相手と親しくなるためにも、こちらが主導権を握って聞きたい話にシフトさせたい時もあるでしょう。その場合は、次のような尋ね方をするのがベストです。

「出身地についてお聞きしてもかまいませんか?」

「ご結婚されているか、聞いてもよろしいですか?」

「ご家庭の話を聞いてもかまいませんか?」

「収入についてお聞きしてもよろしいでしょうか?」

このようにお伺いを立てます。いきなり尋ねるよりも、相手を気遣っている言い回しになるので、失礼な印象を与えにくくなります。ただし、相手が言葉をにごしてきたり、迷惑そうな表情を見せたりしたら、それ以上は踏み込まないようにしてください。

この「お伺いを立てる」尋ね方は、恋人に振られたという同僚に「その話を聞いてもいい？」、女性に対して「年齢を聞いてもかまいませんか？」といったように、いろいろな場面で使えます。

「プライベートなこと」の話ができるようになれば、おたがいの心の距離も近くなり、人間関係がより充実していくでしょう。

「聞きにくいこと」は控えめに切り出す

この本を手にとられた方の中には、製品やサービスの開発をしている人もいるかもしれません。自分が関わった商品やサービスであれば、発売後や導入後の売れ行きや評判はとても気になるところです。営業部など、担当部署の人に感触を聞いてみたいと思うこともあるでしょう。

しかし、

「新商品の売れ行きはどうですか？」

「新サービスの評判は届いていますか？」

と、単刀直入《たんとうちょくにゅう》に聞くことには、少し抵抗があるものです。

「まだ発売されたばかりだし、気にしすぎだよ」

と、詳《くわ》しく教えてもらえないかもしれませんし、もしかすると、

「じつは、あまり売り上げがよくなくて……」

と聞きたくない言葉が返ってくるかもしれません。

相手が「はぐらかして」きたら

このように聞きたくても聞きにくい話である場合は、

「そういえば、あの商品はもう発売されたのですね」

「あのイベントに参加された人の感想、何か聞いてますか?」

「あの企画、やっぱりダメだったんでしょうね」

と控えめに切り出す方法もあります。これだと単刀直入にならないので、聞くほうも聞きやすいでしょう。

もしも結果があまり芳《かんば》しくなかった場合は、相手は返事をはぐらかそうとするでしょう。反対に好ましい結果であれば、どんどん話してくれるでしょう。

もし、相手が返事をはぐらかしたら、

「どうもいけないことをお聞きしたようですね」

と、無理に答える必要はないことを伝えます。そのあとで、

「またお話しできる時が来たら、この続きをお聞かせください」

と言い添えます。

相手に問題がなければ、「別にいいですよ」と言ってその先を教えてくれます。

しかしこの時、相手がほっとしたような顔をしたら、それ以上は踏み込まないほうがいいでしょう。

3章

誰とでもうちとける「雑談力」

……あらゆる場面で事がすんなり運ぶ！

なぜ「雑談力」のある人の世界は広がるのか

人は日頃の雑談を通して、信頼関係を築いています。始業前や休憩時間などに交わす「ちょっとした雑談」は、息抜きにもなりますし、コミュニケーションを円滑にするためにも、上手に活用してほしいですね。

実際に、多くの人たちと**なごやかに雑談できる人ほど引き立てられやすい**ものです。

たとえば、自分が進めている企画があったとします。

いつもまわりの人たちと気軽な形でコミュニケーションをとっている人なら、雑談の延長線上で企画の内容について率直なアドバイスがもらえるかもしれません。誰かの「何気ないひと言」によって企画をブラッシュアップすることができ、より完成度の高いものにできることも多いのです。

一方、普段からあまり雑談をしない人が自分の企画について、誰かに相談したら、どうでしょう。「本音を言ったら、気を悪くするかもしれないな」と遠慮されて、「まあ、いいんじゃない?」と、当たり障りのない返事が返ってくるだけかもしれません。

このように日頃から雑談で信頼関係を築いていると、**いざという時に〝お知恵拝借〟できる**わけですから、雑談を生かさない手はありませんね。

まずは「挨拶をしっかり」を心がけて

雑談が苦手な人は、まず出社時にしっかりと挨拶するように心がけてください。

「おはようございます！」と元気よく挨拶したあと、「今日も暑いですね！」と自分の話を少しだけ付け加える。これだけで、雑談するチャンスがめぐってきます。

もし誰かに話しかけられたら、パソコンに向かったまま返事をするのではなく、体ごと相手に向けて、きちんと反応していることを示しましょう。

人は反応してくれる相手と話したいものなので、そこから会話が続いていくはずです。

そして、たとえ興味がない話でもしっかり反応することが、雑談力をあげるポイントです。

「口数の少ない上司」を切り崩すには

いくら雑談力がある人でも、困ってしまう場面はあります。たとえば口数の少ない上司と二人きりでタクシーに乗っている時などがそうでしょう。

こうした状況では、「目についたもの」を話題にとりあげる方法があります。

タクシーに乗っているなら、車窓《しゃそう》から見える景色を話題にしましょう。

「この道はいつも混んでいますよね」
「あのビルには、おいしい居酒屋が入っているんですよ」

こうした話題を出していき、上司が反応する話があれば、そこを中心に話題を広げていきます。それでも反応が悪い場合は、質問を投げかけます。この時の質問は、相手の人柄を探るようなものがいいでしょう。

「○○さんは運転中、助手席の人が寝てしまっても大丈夫なほうですか？」
「最近、仕事以外で運転しましたか？」
「自宅でも晩酌《ばんしゃく》をされますか？」

このように質問すれば、相手は自分のエピソードを語ってくれます。エピソードには「話のネタ」がたくさん詰まっていますし、相手についての情報を得ることができます。

こうした雑談を通じて信頼関係を築いておけば、仕事上でも自分の意見を言いやすくなります。

遠慮なく意見を言っても失礼にならない関係を築くことが、仕事のしやすい環境をつくり、引き立てられる第一歩。そのためにも日頃から意識して雑談力を磨いてください。

「他愛のない話」の先にあるヒント

雑談の利点は、「信頼関係を築ける」ことだけではありません。いつもの「他愛のない雑談」の延長線上で、**思わぬ新しいアイデアが生まれる**こともあるのです。

ミステリー小説では、主人公の探偵が事件とまったく関係のない話をしている時に、真相につながる重大なヒントを得たりしますが、要はそれと同じです。何気ない雑談のなかに、大ヒット企画のヒントが隠れている場合もあります。

同僚と行った居酒屋で、

「隣の店はガランとしているのに、どうしてこの店は繁盛《はんじょう》しているんだろう？」

「ビールが冷えているからじゃないの？」

といった冗談まじりの会話から、「集客に関するヒント」が得られるかもしれないのです。だから**「雑談ができる関係」をたくさんもっている人ほど、いざという時の問題解決力が高い**のです。

誇大妄想、大いにＯＫ！

たまには雑談をする際にテーマを設《もう》けるというのも面白いでしょう。たとえば、

「今のプロジェクトの予算を削減する方法」

「新入社員を一人で営業に行かせて、成果を出させる方法」

「残業時間を短縮する方法」

などです。

あくまで楽しい雑談なので、現実的な方法ばかりを話す必要はありません。確

good idea
ソフト占い

実に成果に結びつけようと考える必要もありません。楽しい雰囲気で、

「これができたらいいな」

「たとえば、こうしたら面白いんじゃない？」

と話せばいいのです。ただの誇大妄想《こだいもうそう》だとしても、愉快な雰囲気で話していれば、意外と実現可能な話に膨《ふく》らんでくるかもしれません。

あなたが上役の立場なら、会議の前にこのような雑談を行なうのもいいでしょう。この時、「それは具体的に、どこから資金を調達する？」と現実的な話で返してはいけません。

「へえー、それは面白いかもしれないな！　続けていいよ」

と明るく反応してあげれば、まわりも楽しく意見を出せるようになります。

いきなり「本題」を切り出さない

雑談力のある人は、打ち合わせや、接客の現場でも、場の空気をなごやかなものにし、信頼を得ることができるものです。

なごやかに雑談ができない人、心に余裕がない人は、打ち合わせや商談の席でいきなり本題を切り出してしまい、相手に「この人、なんだか焦っているな」と思わせてしまうこともあるかもしれません。

まずは軽い雑談から入って、おたがいの緊張をほぐすのが賢いやり方でしょう。

「うちの会社、今はエレベーターが点検中だから階段がしんどくて……」

「こちらのオフィスの見晴らしは抜群ですね」

「急に雨が降ってきましたね。今朝はついつい天気予報を見るのを忘れてしまったので、急いでコンビニに駆け込みましたよ」

「御社の皆さんは、イキイキされていますね。見習いたいものです」


本題を切り出す前の雑談としては、このように、「自分を下げる」か、逆に「相手をもち上げる」かすると、場の雰囲気がなごやかになるでしょう。しかし、仕事とは関係のない雑談をあまり長々としていると、嫌がられてしまいます。相手が一度クスリと笑ったら、雑談を切り上げて本題に入りましょう。

こんな話の展開で相手をリラックスさせる

ここで、雑談のなかにさりげなく商談を含める方法をご紹介します。少しコツが必要ですが、この方法を身につけると相手をリラックスさせた状態で商品の説明に入ることができます。

「こちらの新作のスマホカバーをつけていると、落としても画面が割れないんですよ。私はよくスマートフォンを落として壊《こわ》してしまうので、家内からたびたび説教されていたんですが、これで怒られなくて済みます」


このように商品のアピールの延長線上に雑談を織り交ぜる方法もあります。自分の失敗談を話すと、相手は親近感を覚えてくれます。さらに、

「はは、わかります。奥さんは厳しい方なんですか？」

というような感じで質問を引き出すことができれば、こちらのもの。

少しずつ距離感を縮め、あとは商談をまとめてしまいましょう。

「弱み」を見せるほど会話は弾む？

前項では、打ち合わせなどの席で雑談は欠かせないことをお伝えしました。

「でも、何を話せばいいの？」

そう思っている方に、ここでは、どんな相手でも話にノッてくる**鉄板ネタ**を紹介しましょう。

ひとつ目は**「健康ネタ」**です。二十代ならともかく、三十代以降になってくると必ず健康上で気にかかっていることがひとつぐらいは出てきます。

「先日の健康診断でコレステロール値が上がってしまいまして……」

「最近、運動不足で階段を上るだけで息切れしてしまうんですよ」

こんなふうに投げかけると、だいたい相手も健康で気になっていることがひとつや二つはあるので、こちらの話に反応してノッてきてくれるでしょう。

相手が「共感しやすい」鉄板ネタ

そして二つ目の鉄板ネタは「身内ネタ」です。

「ウチは嫁が財布を握っていましてね。逆《さが》らうとどうなるかわからないので、いつも戦々恐々としていますよ」

「ついに娘に、『お父さんの洗濯物と一緒に洗わないで』って言われてしまいました」

どんな相手もノッてくる
２つの「鉄板ネタ」

健康ネタ
「最近、太ってしまって……」

身内ネタ
「ウチは、嫁が財布を握っていまして……」

このような話題は共感を得られやすいという点も魅力です。ここから、

「○○さんのお嬢さんは、おいくつですか？」

などの質問につなげると、相手も、

「いや、十六歳なんですがね……」

と喜んで話についてきてくれるかもしれません。

名刺に工夫を加えるのもアリ

自分で名刺をつくれるようなフリーランスの方や自営業者の方は、名刺にちょっとした工夫を加えてみるのも、いいか

もしれません。

たとえば、名刺には名前や連絡先だけを書くと決まっているわけではなく、「好きなアニメ」といった項目を入れてもいいのです。

『北斗の拳』『鬼滅《きめつ》の刃《やいば》』などと書いておけば、相手がその作品について、

「どのキャラが好きですか?」

「あのシーンは燃えましたね」

「○○さんも、お好きなんですね」

と、話題にしてくれ、雑談が弾んでその場の空気がなごやかなものになるかもしれません。

「話していて楽しい人」になるコツ

「俺は毎年、バレンタインのチョコを十個はもらっていたかな」

と言う人と、

「俺なんか、バレンタインとはまったく無縁な灰色の学生時代だったよ」

と言う人。

あなたは、どちらに親近感をもちますか。

多くの人は、「武勇伝」を語られるよりも、「いたらない自分」を語られるほうが、親近感をもつはずです。

「ダメな部分」が魅力にもなる

人は誰でもダメな部分をもっているもの。それを隠さずに話すことができると、**「話していて楽しい人」**と思ってもらえます。そのほうが、「人間味にあふれている」と受け取られるからです。

たとえば、

「あなたは早起きが得意なほう?」

と尋ねられたとします。この時、早起きが得意ではない場合でも、「もちろんです!」と強がって答えたい気持ちはあるでしょう。

でも、

「じつは起きてから二十分は布団から出られないタイプなんです。だから遅

刻しないように、いつも予定より二十分前に目覚ましをセットしています」

と、あえて弱点をさらけ出してみるのも、ひとつの方法です。すると、「そうなの!?　じつは私も……」と、相手も意外な弱点を話してくれるかもしれません。

「弱みの見せ方」としては、ほかにも、

「お金がなくて、この一週間はカップラーメンばっかりでした」

「じつは大人になった今でも、幽霊が怖いんです……」

といったことでもいいでしょう。

ポイントはどんよりと暗い雰囲気で話さないこと。魅力的に映るのは、**弱点を明るく話せる人**です。

人に対して「温かな気持ち」をもつ

実力は同じくらいの人が二人いるとして、「感じのいい人」と「感じの悪い人」とでは、当然ですが「感じのいい人」が信頼され、引き立てられます。

「感じのいい人」になるためには、まず**人に対して温かな気持ちをもつこと**です。

そうした気持ちは、挨拶ひとつにも表われます。

たとえば事務的に「おはよう」と言うだけでは、なんの感情も伝わりません。

また、深々と頭を下げて「おはようございます」と言ったとしても、気持ちが込められていないと堅苦しいだけになってしまいます。

やはりここでも、少しだけ「自分の気持ち」や「感じていること」を添えて挨拶することが大切なのです。

「おはようございます。今日は暑いですね！」

「おはようございます！　あぶなかった～！　遅刻しそうでしたよ‼」

「おはようございます。昨日は遅くまで残られていましたけど、お疲れではないですか？」

「おはようございます。朝起きるのがつらい季節になってきましたね」

「いい人に見られたい」欲を捨てる

こちらが気持ちを込めて挨拶をしても、あの人は目も合わせてくれない。そのせいで、いつの間にか自分の挨拶も事務的なものに変わってしまった。そんな場合も、あるかもしれません。

これが「感じのいい人」になろうとしている時の落とし穴です。

挨拶は、あくまで「今日もよろしくお願いします」という気持ちでするもの。「相手が自分のことを受け入れてくれたかどうか」が重要なのではなく、**「自分がどんな気持ちで行動したか」が重要**なのです。

だから気持ちを込めた挨拶ができた時点でＯＫ。そういう意識をもつように心がけましょう。


電車でお年寄りに席を譲る時も同じです。「いい人に見られたい」という気持ちでいれば、お年寄りから遠慮された時点でバツが悪くなり、次回から同じ行動がとれなくなります。一方、思いやりの気持ちで席を譲ることが重要だと思っていれば、また席を譲ろうと思えるでしょう。

余計な欲を出さず、温かい気持ちで行動することだけを心がけていれば、いつの間にか周囲も認める「感じのいい人」になっているはずです。

相手が「かけてほしい言葉」を探る

「ウチって子どもが五人もいるんだよ」

会話のなかで、上司がこんなことを言いました。ここで多くの人は、たくさんの子どもを育てている状況を想像して、「それは大変ですね」と返すのではないでしょうか。

「大変ですね」は何にでも使えて便利な言葉ですが、このひと言で返すと会話が広がらない可能性もあります。

そこで、ワンランク上の返しをしたい人は、**相手がどんな言葉をかけてほしいのか**を、頭をフル回転させて考えること。

まんざらでもない様子であれば、

「子どもが五人！　それは楽しそうですね♪」

「子どもが五人！　にぎやかそうですね！」

「子どもが五人！　さすが甲斐性《かいしょう》がありますね！」

というような、ポジティブな表現で返してあげてください。そうすれば相手も「自分の喜びをわかってくれる人だ」とうれしく思います。

□「ポジティブ返し」か「ネガティブ返し」か

しかし、本当に「大変な思い」をしている場合であれば、「それは楽しそうですね♪」と返すのは、逆効果です。

そこは、相手が話している時の声のトーンや表情から、「実際のところ、この人はどう思っているのか」を見極める必要があります。

たとえば相手が暗いトーンで、

「ほかの仕事もあるのに、明日までに企画書をつくらなくちゃならないんだよ……」

と言ったとしたら、あなたならなんと返すでしょうか。

「大変ですね」も使えますが、ほかの言葉も考えてみること。

「明日まで⁉　それは厳しいですね……」

「明日まで⁉　それはしんどいですね……」

大切なのは、相手の気持ちを察すること。いろんな種類の「返し方」を身につけておくことで、あなたの**「信頼貯金」**はドシドシたまっていきます。

さいきん髪がうすくてさぁ…
それはしんどいですね…

「仕事の苦労話」は誰でもしたい

自分の仕事についての努力や、苦労話を聞いてほしくて、一生懸命、誰かに訴える。これは誰にでも心あたりのあることではないでしょうか。個人がネット上に情報を発信できる現代では、ブログやSNSなどに仕事の苦労話を載せる人がたくさんいます。

しかし「一生懸命に訴える人」はいても、その話を「一生懸命に聞く人」は、じつは少ないものです。たとえば、

「この間、ウチの部長に長々と説教されちゃってさ」

と違うチームにいる同期から話をされた時、「へえ、そうなんだ」と軽く聞き流すことはないでしょうか。

「だって、違うチームの話なんて聞いたって、よくわからないし」と。

たしかに、その人が苦労している「本当のところ」というのは、わからないのかもしれません。

しかし、**人は自分の話を聞いてもらいたい**ものです。

たとえ相手の仕事内容が詳しくわからなくても、

「きっと苦労もあるんだろうな」

「大変なんだろうね」

このように反応して、しっかりと聞いてあげると、相手はあなたのことを「親身になって自分の苦労話を聞いてくれる人」と、ポジティブに受け止めるでしょょう。

□この「掘り下げた質問」が効く

仕事における苦労や喜びは、業界によってさまざまです。その人が「本当に聞いてほしいこと」とは、

「お客さんは一日にどれくらいですか？」

「繁盛していますか？」

といったことではありません。そんなふうに〝単なる情報〟を聞き出そうとするのではなく、

「そのお仕事をされていて、一番の楽しみは何ですか？」

「そのお仕事の一番の魅力は何ですか？」

「どういったところで、苦労されますか？」

というように、相手の仕事の内容を掘り下げて聞いてみてください。そうすればば相手もついつい乗せられて、なかなか聞けない貴重な話をたくさんしてくれるかもしれません。

もしかしたらそのなかに、あなたの仕事に生かせる情報が入っている可能性もあります。そして最後に、

「今日はとっても貴重な、いいお話を聞かせていただけました」

と言えば、相手はもっと喜んでくれるでしょう。

「この人は、しっかりと話を聞いてくれる、いい人だ」と思ってもらえたら、人柄を信用され、いいお客さまを紹介してもらえるかもしれません。また、自分が困った時に、その人が力を貸してくれるかもしれません。

つまり、成果を上げやすくなり、評価されて、チャンスが広がっていくのです。

角が立たない「断り方」

「今度の日曜日、わが家でバーベキューをするんだけど、来ない？」

こんなふうに、上司や会社の人から飲み会やイベントに誘われたことはありませんか？　しかし、せっかくの休日なので気が進まない人も多いでしょう。そんな時は、渋々と参加するよりも、

「申し訳ありません。休みの日は、ご勘弁《かんべん》いただきたいのですが……」

と、素直に謝るほうがいいのです。素直に謝れば、相手にも「そうか、イヤなんだな」と伝わります。

一方、「その日には、用事がありまして」とウソの理由を言って断るのはあまり好ましくありません。

なぜなら「そうか。じゃあ来月にもやるんだけど、そっちならどう？」などと日を変えられると、今度こそ断れなくなってしまうからです。

そこでもウソの理由で断ると、「これはウソをついているな」と思われる可能性が高くなります。そうなると当然、印象が悪くなります。誘いを断る時は、「素直に謝る」のが一番です。

「次善策」をこちらから提案してみる

また、「急で悪いんだけど、この書類をまとめてほしい」などと頼まれることは少なくないでしょう。でも、今は仕事を多く抱えているので、引き受けられないこともあります。

そうした場合も、渋々引き受けるのではなく、次善策を提案してみましょう。

「今は仕事が立て込んでいまして……明日のお昼まで、というわけにはまいりませんか？」

このように、こちらから日時を指定するように言えば、「今すぐには無理でも、きちんとお受けいたします」という意思表示になります。仕事の期限もこちらで決められるので、余裕も生まれるわけです。

もし、その次善策が受け入れられなくても、**「自分には仕事を引き受ける意思があった」**ということが伝わっています。これなら頼んだほうも悪い気がせず、「わかった。じゃあ別の人に頼んでみるよ。悪いね」と引き下がってくれるでしょう。

こうした「ちょっとした対応」の積み重ねが、あなたの信頼につながっていくのです。

4章

「会話がとぎれない」話し方

……いつでも自然体！　もうドギマギしない！

「あまりうちとけていない人」との距離の縮め方

初対面の人と話す機会が多いけれど、どうしても会話が弾まない——。

そんな悩みを抱えている方に、とっておきの方法をお教えしましょう。

まず押さえておきたいのは、まだうちとけていない人に、いきなり、

「休日は何をされているんですか?」

といった質問をしても、相手は答えにくいということ。

「まあ、いろいろですね」

など、曖昧《あいまい》な返事しか返ってこない可能性もあります。

だからこそ、尋ね方には工夫が必要です。

ひとつ、会話例を挙げてみましょう。

あなた「今日は暑いですね～」
相手「はい。そうですね」
あなた「もうクーラーを使ってますか？」
相手「いえ。もう少し我慢しようかと思っていて」

この例では「はい」か「いいえ」だけで答えられる質問を投げかけています。これを**「クローズド・クエスチョン」**と言います。

会話例では、あまり話が弾んでいないように見えますが、最初はこの程度で十分。二択で答えられる「クローズド・クエスチョン」は、相手も返答がしやすいので心理的負担を感じません。

いわば、**会話のキャッチボールのための「肩ならし」**となります。

緊張がほぐれてきたら……

「はい」か「いいえ」だけで答えられる「クローズド・クエスチョン」をくり返していると、次第に相手の緊張もほぐれてきます。

そして、「はい」「いいえ」のあとに、相手が少しずつ自分の情報を加えるようになってきたら、肩ならしは終了。質問の仕方を変えていきます。具体的には、「答え」のバリエーションが無数にある**「オープン・クエスチョン」**に切り替えるのです。

あなた「この暑さでクーラーをつけないなんて、我慢強いんですね！」
相手「いえ、電気代の節約のためです。本当はつけたくて仕方ないのですが」
あなた「節約は大事ですもんね。ほかには、どんなことで節約されていますか？」
相手「たとえば、買い物をする時は……」

このように、最初に軽く肩ならしのキャッチボールをしているため、話がしやすい環境になっています。そしてオープン・クエスチョンでは、

「この近所で一番安いスーパーって、どこですかね？」
「とっておきの節約法って、何かありますか？」

などの質問をするとよいでしょう。それをもとに話を広げると、初対面の人とも会話がとぎれずに、すんなりと話を運ぶことができるのです。

「反応が悪い人」との会話を盛り上げるには

「話しにくい人」というのは、だいたい「反応が悪い人」です。

こちらがどれだけ笑顔で話しかけたとしても、相手が無反応なら会話はうまく続かず、とぎれがちになってしまいます。

それでも、お客さまやお得意先の担当者、同僚やプロジェクトのメンバーなど、仕事上でつき合いのある人とは、ある程度のコミュニケーションはとりたいもの。

では、具体的にはどのようにしたらよいでしょうか。

よい反応が返ってくるまで、次々といろいろな話題を投げかけるのはよくありません。もともと「反応が悪い人」に矢継ぎ早に話しかけたところで、相手も返答に困るだけでしょう。

オススメの方法は、まず「おはようございます」「おつかれさまです」といった挨拶のあとに、

「今日の暑さは今年一番らしいですね」

「最近は雨が続いて、外に出るのが億劫《おっくう》になってしまいますね」


というような、当たり障りのない天気の話題を付け加えて、様子を見ることです。ここで重要なのは、会話を無理やりつなげることではなく、あくまで**会話を試みたという事実**です。

相手から「そうですね」のひと言でも引き出せれば、ひとまずオーケーとしましょう。

話題の「幅」を広げて反応を見る

日をまたいで同様に会話を試みていると、やがて返してもらえる言葉が増えてきます。それは相手が、あなたに心を開こうとしている証拠。

だからといって、会話を続けようと焦らないこと。相手との距離を一気に詰めようとせず、少しずつ会話が続くようにもっていきます。

たとえば、いつまでも「おはようございます」「暑いですね」だけでは、距離が縮まりませんので、少しだけ趣味の話を織り交ぜてみましょう。

「いやー、先週の土曜日、久々にゲームを三時間もしちゃいましたよ」

「この間ボクシングを観に行ったんですが、やっぱり生《なま》の迫力はすごいですね!」

ここでも長々と話すのは厳禁です。あくまでひと言だけ、あなたの情報を加えること。そこから会話に発展するはずです。

あるいは、

「先日、テレビで釣り番組を見てから、ちょっと興味が出てきたんですよね」

「最近はスロージョギングというものが流行《はや》っているみたいですね。走るのが苦手な人でもできるそうなので、始めてみようかと思っているんです」

と、自分が興味をもった話題を話すのでもかまいません。相手も興味があれば、きっと話にノッてきてくれます。

相手が話したくなるように「誘導」する

これらの方法で、うまく相手との会話のキッカケが見つけられたとします。そ

ことです。

ちょっと注意したいのは、**あまり自分を押し出さない**ことです。

相手が自分の話に反応してくれたからと、うれしくなって自分の話をしすぎると、せっかく話してくれるようになった相手が話を続ける機会をなくしてしまいます。

「○○さんは釣りがお好きなんですね。今度コツを教えていただけませんか？」

「○○さんのお話を聞いていると、さらに興味が湧いてきました」

「○○さんは将棋がお好きなんですね。強くなる秘訣って何でしょうか？」

このような言葉をつなげば、きっと相手も、もっと話そうという気になってきます。

○○さんは
食虫植物がお好きなんですねー
たくさん食べさせる秘訣って
何でしょうか？
興味
ドストライク

無理に「わかり合おう」としなくてもいい

年齢が離れている人とは話が合わないので、コミュニケーションをとるのが難しい。

そんなふうに思っている方は多いかもしれません。

しかし**「話が合わない」ことと「話ができない」ことは、まったく別**です。

「話ができない」と思っている方は、「話をしても、どうせ理解し合えないし」と思って、敬遠しているのではないでしょうか。

ここがポイントで、じつは「無理にわかり合おうとする必要はない」のです。

「相手の存在を受け入れよう」とすれば、たとえ価値観が違う人とも話ができるようになります。

相手の言っていることを「それは間違っている」「私には理解できない」と否定したり、突き放したりするのではなく、ただ受け入れるのです。

「相手の価値観」を否定も肯定もしない

たとえば年配の方が、「私の若い頃は携帯電話なんてなかったんだ」と言ったとします。ここで「信じられないですよね」「不便すぎます」といった反応をしないこと。

まずは相手を尊重し、「へえ、そうだったんですね！」と共感してみましょう。

そして、当時はどうしていたのか、などについて尋ねます。

具体的にはこのような感じです。

「こんな便利なものができるって、想像していましたか？」

「待ち合わせに遅刻しそうな時は、どうしていたのですか？」

また、若い世代から「学生時代からLINEでグループをつくって会話していた」といった話を聞いた時も同じです。

「話をするなら電話でいいのに」などと、自分の価値観を押しつけないこと。

まずは共感を示してから、

「初めて使った時は、どう思った？」

「昔のトーク履歴を残していたりする？」

と興味をもって聞いてみましょう。すると、相手も気持ちよく話を続けてくれるようになります。

「マイナスの言葉」は「プラスの表現」に言い換える

誰かと会話しているなかで他人の悪口が出てきた時は、あまりよい気分がしないもの。会話の基本は相手の言葉に共感することですが、人を悪く言う言葉に同調するのは気が引けます。

このような時のベストな返し方は、**「マイナスの言葉を、プラスイメージの言葉に言い換える」**です。

たとえばオフィスで、「○○さんって、仕事が遅いよね」という話を聞いたとします。この場合だと「仕事が遅い」というのをプラスのイメージに言い換える

わけですから、

「まあ、○○さんは、仕事が丁寧《ていねい》だからね！」

とすればいいのです。こうすることで、相手にも「そうかも」と思わせられるのです。

ほかにも「口が悪い」と言われている人は、**「思ったことを素直に言える人」**と言い換えることができます。

このように他人が口にした悪口をプラスの表現に転換できれば、仮に本人に聞かれたとしても、イヤな気持ちにさせることは避けられます。

「融通がきかない人」は「スジを通す人」

会社内では、直属の上司よりさらに上の役職の人と話す機会もあるでしょう。

仕事が丁寧だね

たとえば部長が、あなたの上司である課長について、

「あいつは融通《ゆうずう》がきかないヤツだからなあ」

などと悪く言うことがあるかもしれません。

その時、課長より役職が上の人だからといって「そうですね！」と「共感の言葉」を返してはいけません。

こうしたシチュエーションで、もしも「共感の言葉」を返したりしたら、「キミの部下の△△君もそう言っていたぞ」と、何かの折《おり》に本人に伝えられてしまう可能性もあります。

ですから、こうしたケースでも言い換えが必要になります。

「融通がきかない」とは、「頑固《がんこ》」という意味でもあります。

ですから、

「課長はスジを通される方ですから」

という表現でもいいでしょう。

そのほか、「キミのところの課長は、少し仕事が遅くないかね」と振られたら、先ほど紹介したように、

「課長は、仕事が丁寧ですから」

と答えるのもいいでしょう。

こうした言葉ならば、課長に聞かれたとしても大丈夫。もしかすると部長の機嫌がいい時には、「△△君が、キミのことを『スジを通す人』だと言っていたよ」と、伝えてくれるかもしれません。

もちろん、言われた上司は悪い気はしないでしょう。むしろ「そんな受け取り方をしてくれているんだな」と喜んでくれるはずです。

「そう思うんだぁ〜」でうまく逃げる

また、何気ない会話のなかで、誰かの悪口が出ることもあります。その時、「あなたも、そう思わない?」などと聞かれても、

「○○さんは、そう思うんだぁ〜」

と、うまく逃げましょう。こう言えば、「私はそう思っていないよ」というニュアンスが伝わります。

相手は共感してほしいから話しているので、共感されないとわかれば、それ以上、悪口を続けないでしょう。もし気まずい雰囲気になってしまったら、「そういえば……」と自分から別の話題を振ればいいのです。

相手も話題を変えたいはずなので、きちんと受け止めてくれるでしょう。

「嫌われているかも?」と思う相手と話すコツ

こちらから挨拶をしても、無視する人がいます。全員に同じ態度をとっているならともかく、自分だけを無視しているようなら、「嫌われているのかも」と気にかかるでしょう。

こうしたケースで悩んでいる人にアドバイスしたいのは、敬遠されている相手に挨拶の言葉をかける前に、**しっかりとアイコンタクトをとる**こと。

やわらかい表情でアイコンタクトを送れば、「私はあなたと話がしたいと思っていますよ」という気持ちが伝わります。

「相手の名前を呼ぶ」だけで、こんなに違う

それでも挨拶を返してくれない場合は、とっておきの手段があります。それは**相手の名前を呼ぶ**ことです。

たとえば、いつも社内の清掃を担当してくれている方に「ありがとうございます」と言うより、「○○さん、いつもありがとうございます」と挨拶すると喜ばれます。

それと同じで、**「おはようございます」の挨拶のなかに、名前を入れる**ようにするのです。これだけで「私はあなたに挨拶をしていますよ」というのが相手に伝わります。

名前を呼ぶことが大事なので、「部長、おはようございます」ではなく、

「○○部長、おはようございます」

と言うようにしましょう。

人は名前を呼ばれると親近感を抱きます。これは挨拶の時だけでなく、いろいろな場面で使えます。

たとえば「今日も出張?」と尋ねるよりも、

「○○さんは、今日も出張?」


と言ったほうが好印象を与えられます。

人と話す時に「おまえ」「キミ」「あなた」といった代名詞をよく使う人は、それを相手の名前に置き換えるようにしてみましょう。

もし、あなたが誰かに敬遠されていたとしても、このことを意識するだけでグッと距離が近くなるでしょう。

「責任逃れ」をさせない法

誰かにミスを指摘した時に、

「あれはバイトが勝手にやったことなので……」

「自分はその日、休みだったので、わからないです……」

こうした言い訳の言葉を返されて、カチンときたことがないでしょうか。

こうした時、反省を促そうと相手のミスをさらに責めたてても、逆効果になることがほとんどです。では、どのような話し方をすれば、「責任」について意識させることができるでしょうか。

言い訳をしている相手には、まず「責めているわけではない」と伝えたうえで、このように質問してみましょう。

「今回のミスについて、あなたに十パーセントの責任があるとすれば、それは何だと思いますか？」

「すべての責任がある」と言えば、耳を閉ざすでしょうが、「十パーセント」と表現すれば相手も気持ちがラクになり、素直に反省してくれます。

または、

「今回のケースを防ぐために、あなたにできた最善策は何だった？」

と尋ねるのもよいでしょう。この質問は「責任」という言葉を使わずに、相手に自分の失敗と責任について気づいてもらえるので、なかなか効果的です。

「怒られる」と思うから素直に認められない

「ミスをしたら怒られる、責められる」と思っていれば、素直に自分のミスを話せません。これからは、ミスとは**「再発防止のための材料」**と考えるようにすることです。

普段から自分のミスについて話せる環境づくりをしていると、オフィス全体でミスは次第に減っていきます。

そのためにも、「失敗報告会」のようなものをつくるとよいかもしれません。たとえば定例会議の前後に、各自が「最近やってしまったミス」を自由に話す時間をつくるのです。

ミスは誰にでもあるもの。反省はしても過度に恥ずかしいと思う必要はありません。誰かが口火を切れば、ほかからも「じつは私も、こんなケースで……」といった声があがるでしょう。

相手の「怒り」を素早く鎮める方法

ミスは誰にでもあるものですが、だからといって「謝らなくてよい」というわけではありません。

失敗したら、すぐに誠心誠意、謝ること。そうすれば、大抵の相手は許してくれます。それでも許してもらえない時は、謝り方が間違っているのかもしれません。

もし「すみませんでした」「申し訳ありませんでした」とだけしか言っていないのなら、相手の怒りが鎮《しず》まらないのも当然です。この時、相手は、

「何について怒られているのか、あなたは理解しているの!?」

と思っているはず。

謝る時は、「相手が何に対して怒っているか」をきちんと把握《はあく》したうえで「申し訳ありませんでした」と言わなければ、形ばかりの謝罪になってしまうのです。

「怒られている理由」を言葉にして謝罪

ですから、怒られている時は、「怒られている理由」をきちんと言葉にしたうえで謝罪すればいいのです。たとえば、朝の会議で必要な書類のコピーが遅れたことで怒られている場合、ただ「申し訳ありません」と謝罪するだけでなく、そのことも口に出して伝えます。

「今朝は会議までに必要書類のコピーが間に合わず、申し訳ありませんでした。それも私自身の気の緩《ゆる》みが原因です」

「きちんと仕様書を確認できておらず、本来発注すべき資材の数を間違えてしまい、申し訳ありませんでした」

このように言えば、相手も「次は気をつけるように」と言って許してくれるはずです。

では次に、その後の対応について考えてみましょう。

謝罪のあとは、怒られていたほうだけでなく、怒っていたほうも気まずい思いをしているもの。もしもあなたが怒られていたほうなら、相手に気を遣わせないためにも、積極的に話しかけるようにしましょう。

また、仮にこのあと二人で出かけることになったとしても、改めてそこで謝る必要はありません。何度も蒸し返すと、余計に気まずい雰囲気になってしまいます。

できるだけ明るく話しかけるように心がけ、その日の別れ際にも「本日は申し訳ありませんでした」とひと言伝えるのがスマートな対応です。

この時は二回目の謝罪なので、もう一度説教された理由まで伝える必要はありません。

5章

「アイデアがはじける!」場のつくり方

……このひと言で「いいエネルギー」が循環し始める!

「話しやすい空気」はこうすればつくれる！

さて、この章では、会議や話し合いの場で、いいアイデアや前向きで建設的な意見をまわりから引き出すためのヒントをお届けしたいと思います。

会議の空気がドンヨリと停滞してしまうことはあるものです。
あなた自身も考えが行き詰まってしまい、出席者からも何もアイデアが出てこない。部屋を満たすのは重苦しい沈黙ばかり……。そんな状況に居合わせたことはありませんか？

全員が黙っていては、会議も進行しません。ここは、どうにかして、出席者からいいアイデアを引き出したいところです。

では、どうすればいいでしょうか。

あなたがリーダーシップをとらなければと、「もう何もアイデアは出ませんか？」「何かあるでしょう？」と詰め寄るのは逆効果です。

会議に出席している以上、誰も考えることを放棄してはいないでしょう。とくに、若手やスタッフからアイデアが出てこない時は、「これを言ったところで、通らないだろうな……」という気持ちがあるからかもしれません。

ここで効果的に意見を引き出すには、

「とりあえず頭に浮かんだ言葉を自由に話してみましょう」

「どんなことでも、自由に話してみてください」

と、みんなをリラックスさせるつもりで、やわらかく言うことです。すると、「じつは今、こんなことを考えているのですが……」とアイデアの種が出てくるかもしれません。

共感しながら「アイデアの後押し」を

それでも誰も口を開かない時はあるでしょう。そんな時は、最後の手段。

「頭に浮かんだ単語でもいいので、ピックアップしてみてください」

と言ってみること。これで誰かが単語を出してくれたら、それをもとに参加者に話を広げてもらいます。

そして、それぞれの話に共感を示しながら、「なるほど。つまり、こういう方向で考えていたわけですね」と、**アイデアの後押し**をします。

するとアイデアの種を出した人は、さらに自信をつけて、

「はい。ですがこのアイデアには、こういった弱点が……」

と話を続けてくれるかもしれません。

ここまで話してもらえたら、しめたもの。その弱点を克服するための話し合いを全員で行なうことができます。

会議で最も避けなければならないのは沈黙。話してさえいれば、そこからヒントが出るかもしれないのです。そのためには、**誰もが話しやすい環境を整えること**が欠かせません。

「嫌われずに自己主張」するコツ

一般的に、会議などの場では「積極的に発言するのが望ましい」と言われています。ですが、すべての場合に当てはまるわけではありません。自己主張が強すぎる人を嫌う人も少なくないからです。

では、**嫌われないように、しかしそれなりに自己主張をする**には、どうすればいいのでしょうか。

まず、司会者をしっかりと見て、アイコンタクトを送っておくことです。

意見がない人は大抵、下を向いたり司会者から顔を逸《そ》らしたりと、消極的な態度をとります。

ですから、自己主張をしたいのであれば、しっかりと顔を上げて司会者を見ていること。すると、

「○○さん。何か意見はある？」

と向こうが指名してくれ、自然な流れで発言する機会を与えてもらえます。

反対意見を出す時も「言い方」が大事

そして、自分の意見を言う時には、**それまでに出たアイデア、意見を頭ごなしに否定しない**こと。

たとえ「あまりよくないな」とみんなが思っていたとしても、

「ここ、ダメじゃないですか？」

とストレートに言うのではなく、

「ここの部分、こうすると説得力が増すと思うのですが」
「その部分、さらによくするために、このようにしてはどうでしょう？」

という具合に言います。
「言い方」ひとつで、雰囲気はガラッと変わります。
そして反対意見を出す時は、必ず代案やプラスの意見を用意しておくこと。
それが「議論の場でも、気持ちのいい人」と見られる秘訣です。

発言量が少ないのに「一目置かれる人」

前項では、会議の場で嫌われないように、しかしそれなりに自己主張をする方法について見てきました。

ですが、大人数が出席している時に、各人があまりに思い思いの意見を言い出すと、収拾《しゅうしゅう》がつかなくなることも。

せっかく時間をかけたのに最終的に何も決まらない、ということにもなりかねません。

「会議の着地点」を見極めておく

積極的に意見を出さなくても、「お、さすがだな」「なかなか、やるな」と一目置かれる方法があります。

それは会議全体を俯瞰《ふかん》で見て「ここだけは決着をつける」という部分を把握し、**着地点を見極めておくこと**です。

そのためにも、

「何を優先的に決めなければならないか」

を事前にしっかりつかんでおくこと。

すると、話し合いが〝あさっての方向〟へと向かいそうになった時に、さりげなくそれを修正する発言ができます。

「時間もあまりありませんし、この点だけでも決めておきませんか?」

今日はここまで！
GOAL

「この部分が不足していると思うので、もう少し詰めてみませんか？」

「どちらの意見もごもっともですが、まずはこれをどうするか決めたほうがいいと思います」

「少し議論が白熱しているので一度休憩にして、そのあとに決めませんか？」

このように言えば、会議の出席者も、

「しっかりと本質をつかむ力のある人だな」

と、あなたに一目置くでしょう。

たとえ発言量が少なくても、議論の方向を修正できる人は、信頼され、「あの人がいなくては」と思われるものです。

いつでも「相手のメリット」について話す

次の企画について、取引先でのプレゼンを上司に任されたとします。初めての経験で、自分にとってもも大きな成長のチャンスになる機会です。

プレゼンをつつがなく終えて、仕事を受注できるかどうか――「戦い」は上司にプレゼンを任された時に、すでに始まっています。そして、『孫子の兵法』に「まず勝って、のちに戦う」とあるように、**プレゼンをうまく運ぶには、準備こそが何よりも重要**なのです。

まず必要な作業は、プレゼン本番の出席者についてリサーチすること。どのような人たちに向けて、何をどこまで話すのか。これを明確にすることが先決です。

ここがリサーチ不足だと「見当違いの話」をダラダラと続けて、「プレゼンもまともにできない使えない人間」と最悪の印象をもたれてしまいます。

ですから、プレゼンを依頼された時は、「はい、わかりました」と答えて終わるのではなく、「誰に、何を話すか」を具体的に聞くこと。

しかし、上司自身も「狙い」がよくわかっていない場合があります。そんな時は自分なりにリサーチして、プレゼン案の概要をまとめたものを提出しましょう。

すると、

「いや、これはちょっと違うんだよね」

「そうそう、これだよ。今回、必要なのは」

と反応が返ってきます。その反応を見て、細部を明確にしていくのです。これが信頼され、引き立てられる人の話の進め方です。

「話を聞いてもらえるプレゼン」の秘密

次に実際のプレゼン方法について紹介しましょう。

「弊社がこのような新商品を開発した背景には……」

このようなプレゼンの入り方は、じつはあまり感心しません。

参加している人の最大の関心事項は、「商品開発の背景」ではなく、その**「新商品が自分たちにどんな利益をもたらしてくれるか」**だからです。

「今回、ご紹介しておりますサービスを三年続けますと、御社の名前が『就職したい企業TOP100』に、必ず入ります」

「今日、婚活パーティに参加してくださった皆さん、『今年のクリスマスは二人で……』がキーワードです！」

このように、冒頭には、相手が「自分にとってのメリット」を感じられる魅力的なフレーズを盛り込みます。すると、あとに続く話を聞いてもらいやすくなるのです。

「わかりやすいエピソード」で

「このアプリが市場に出れば、五百万ダウンロードを確実に超えます！」

プレゼン中は、このように数字をもち出して話すこともあると思います。ですが数字の話にピンとこない人には、スルーされてしまいます。

そこで、

「このアプリが発売されれば、連日、アプリランキングの上位にランクインすることになると思いますよ」

「今年の冬、街ではこの商品をもっている人ばかりを見かけることになりま

す！」

「どの家庭にも一台、そのような商品になると確信しています」

このように、プレゼン内容を採用した結果、「どのような光景が待っているか」を伝えます。そうすることで、相手に具体的なイメージを思い描いてもらうことができます。

データも重要ですが、**人が心を動かすのは「わかりやすいエピソード」**。

これは、何よりの「切り札」になります。

誰もが状況を想像しやすい言葉を選び、簡潔に伝える技術を身につければ、あなたはきっと、「頼れる人」として引き立てられるはずです。

「説得力のある人」の話し方

仕事がうまくいく人、引き立てられる人の共通点として、**「説得力のある話し方ができる」**ということがあります。

「説得力のある話し方」とは、言い換えると「自信のある話し方」のことです。どんな職業の人でも、自分の仕事に強い自信がある人は、話に説得力があるものです。

たとえば新しい商品の企画を、あなたがプレゼンすることになったとします。その時、「これは必ず売れますよ！」と自信満々な話し方をすると、聞いているほうも安心します。

自信をもって話す人は、

「これは絶対に役に立つ！」

「この企画は必ず成功する！」

と強く思っていることが多いものです。その強い思いが、説得力のある言葉となるのです。どんなに魅力的な話でも、自信なく話していれば相手に伝わらないでしょう。

話す順番は「結論、理由、具体例」

「説得力のある話し方」をするには、どうすればよいか。まず「話す順番」を意識してみてください。最初に**「結論」**、次にそうなる**「理由」**、そしてその**「具体例」**という順番で話すのです。

たとえば、新商品をプレゼンする場合なら、最初に、

「今回の商品は、お客さまにご満足いただき、人気も出ると確信しております！」

と伝えます。

「お客さまに満足してもらう」「商品の人気が出る」という部分がプレゼンの「結論」です。これを最初に伝えることで、これから続くプレゼンへの期待も高まり、話をするほうも「着地点」が見えやすくなります。

そして次に話すのは「理由」です。どうしてお客さまに満足してもらえるのか、どうして商品の人気が出るのかを説明するわけです。

「お客さまからのお声を可能なかぎり反映し、既存の製品よりも大幅に性能を改善いたしました！」

これが理由ですが、実際に「お客さまに満足してもらえる」かどうかは、フタを開けてみないとわかりません。

しかし自信たっぷりに言うことで、説得力が増しますし、聞いている人も、「よほどすごいものなんだな」と期待するわけです。

ゴールを明確にして話すべし

そして、最後に出すのが「具体例」です。

先ほどの例の場合、「理由」のところで説明した「お客さまの声を反映した、大幅な性能の改善」という部分を出すことになります。

たとえば、こんな感じです。商品があれば実演しながら話します。


「さまざまな使用法に対応した、新たな機能の搭載《とうさい》に成功しました。そしてその操作方法は、以前よりもシンプルになっております！」

すべてが思ったとおりに運ぶ「説得力のある話し方」のコツ

1 「結論」から話す

2 「理由」は明快に

3 「具体例」は豊富に

この3ステップを踏めばOK！

説得力のある話し方の秘訣は、「結論→理由→具体例」という順番で自信たっぷりで話すこと。

これさえうまくできれば、聞いている人の心をつかんだようなものです。

「説得力のある話し方」をする人は、自分の話にしっかりゴールをもっているもの。

もしあなたがプレッシャーをかけられて、うまく話せないかもと思ったら、自分の話のゴールをしっかりと思い描き、自信をもって話すように心がけてみましょう。

「頭のいい説明」のポイントはここ

「説明がうまい人」「要点を端的にまとめられる人」の話は、聞いていて清々《すがすが》しい気持ちになるものです。逆に要領を得ない説明を聞かされると、誰しもイラッとしてしまいます。

たとえば、打ち合わせや会議をする際、「私はちょっと遅れるから、先に始めておいて」などと上司に言われることがあります。上司が席を外している間に、打ち合わせや会議が進んだ場合、あとから**状況の説明**をしなければなりません。

この時、「A社さまはどうしても価格をゆずれないとおっしゃっていたのですが、私たちがこのように提案したことによって……」と、長々と経緯を説明するのは、よくない伝え方です。

ここで伝えるべきことは、会議の細かい内容ではなく、「現時点で何が決まったか」です。

「A社さまには価格の面で、譲歩していただきました。私どもとしても、サービスとしてこちらの点を加えさせていただこうと思っています」

このように、**「決定事項」と「現在の論点」のみを端的に伝える**こと。

わかりやすく伝える力を身につけると、「○○さんの話はまとまっていて、わかりやすいね」と信用されるでしょう。

相手の顔を立てて損することは、ひとつもない

次に、上司がいない間に、重要な契約が決まりかけていた場合です。その場にいなかった上司としては、やることが少なくて居心地が悪いかもしれません。そ

ういう時は、上司の意見をうまく聞き出すような話し方をするといいでしょう。

「こちらの内容でご契約の話が進んでおります。あとは部長のご決裁がいただければ、というところまで来ておりまして」

このように、大事な部分は上司に決断してもらうという形にすれば、相手の顔を立てることになります。自分一人で契約をもらえたら、仕事の実績にはなります。しかし、そこであえて、

「こちらの内容ですが、部長の方針と違うかどうかが、私の一番心配しているところでして。ご意見をお聞かせいただければと思うのですが」

「部長のご意見とは少し違うかもしれないので、ご意見をいただけますか」

「A案か、B案か意見が分かれているのですが、どう思われますか」


などと尋ねると、相手も意見を言いやすくなります。このような気くばりがさりげなくできる人が、信頼され、引き立てられていくのです。

6章

大切なのは「気持ちのキャッチボール」

……だから信頼される！　人が集まってくる！

「会話のパターン」をたくさんもっておく

世の中にはカタい話題でないと話にノッてこない人もいれば、くだけた会話を好む人もいるなど、さまざまなタイプがいます。

どのような人が自分のまわりにいたとしても、**「相手に合わせた話し方ができる人、相手が喜ぶ話題を選べる人」**は、いつでも誰とでも会話をスムーズに運べます。

たとえば、奥さんを大事にしている上司には、「家庭ってよいものですよね！」

という楽しい話を。

反対に、奥さんの文句を言う上司には、「一人で自由に羽を伸ばしたい時もありますよね……」と共感するような話をすれば、「気が合うな」と思ってもらえるでしょう。

「経験値」が増えるほど話が面白い人に

相手によって話し方を変えるには、**自分のなかに「会話のパターン」をたくさんもっておく**必要があります。

パターンを増やすためには、いろいろな人とつき合って話を聞くのが一番効果的です。自分とは違う性格の人と話をすると、「なるほど、こういう人もいるんだな」と知ることができます。

口下手で会話のパターンが少ない人は、自分がつき合いやすい人とだけ話しているのではないでしょうか。

それでは会話のパターンは増えませんし、面白みのない人と思われるかもしれません。仕事の面でも自分のやり方しか蓄積されないので、臨機応変な対応ができません。

いい仕事をしたい、もっとチャンスを広げたいと思うのであれば、いろいろな人とつき合って経験を積んでください。会話のパターンが増えるほどに、人間関係も豊かに広がっていくはずです。

男性と女性では「喜ぶポイント」が違う

相手によって話題や対応の仕方を変える時、男性が喜ぶポイント、女性が共感できるポイントについて意識してみるのも、よいでしょう。

たとえば、男性であれば、一般的に、

「この仕事ができるのは、社内ではやはり○○さんだけですね」
「さすが○○さん、頼りになりますね！」

など、相手の「能力」について尊敬の念をもっていることを伝えるのが効果的です。

一方、女性の場合は少し違ったアプローチのほうがいいかもしれません。女性には家事や子育てをしながら働いている方も多いため、そうした点について話をすると、「わかっているな」と思ってもらえることも多いでしょう。

「毎日のお子さんのお弁当づくり、大変ですよね！」
「昨日は遅くなりましたが、ご家族の皆さんは大丈夫でしたでしょうか？」

といった言葉をかけてみてください。

相手に合わせた話題を提供できる人は、「よく気がつく人」だと思われて、気に入ってもらえるのです。

日頃の人間観察で変化を見抜く

相手との距離を縮めるためには、とにかく相手の様子、家族のこと、体調などに「気づいてあげる」ことです。

「髪を切ったんですね」
「この電車をよく使われていますね」
「お子さんは小学校に楽しく通われていますか」
「そういえば、会社ではエレベーターではなく、いつも階段を使っていますね」

こんなふうに相手の変化や日頃の行動に気づいてあげ、言葉に出すだけでも、「自分のことをちゃんと見ていてくれているんだな」と思って、相手はあなたに一目置くでしょう。

相手が喜ぶ会話ができるように、**日頃から人間観察をする**ことを心がけてください。

小さな変化に気づくことができれば、相手の好みなど、さまざまなことがわかってきて、「引き立てられる人、かわいがられる人の会話」が自然とできるようになっているはずです。

「話題の振り方」にも思いやりを

日頃からさまざまなニュースをチェックする習慣をつけておくと、雑談や会食の席などでも話題選びに困りません。

ただし、複数の人が参加している席でニュースを話題にする場合には、注意が必要です。

たとえば、

「昨日、タイガースが勝ちましたね。勝利投手の○○は調子が悪かったのに……」

といった話し方では、野球、しかも阪神タイガースというピンポイントの話題に全員が参加できるかどうか、わかりません。
興味のある人はノッてくるでしょうが、そうでない人は置いてきぼりになってしまいます。

「全員が共感できること」が大切

ここは「話題の振り方」に少し工夫が必要です。たとえば、同じ「タイガース勝利」というニュースから話題を引っ張るのであれば、こう尋ねます。

「昨日、タイガースが勝ちましたね。以前、阪神ファンが集まる居酒屋に行ったことがあるのですが、勝った日はすごい盛り上がりぶりで……少し恐怖を感じました」

これだと「タイガース勝利」の話をしているようで、じつは「阪神ファンが集まる居酒屋」の話になっています。

このような話し方をすれば、野球に興味がない人でも、「恐怖ってどんな？」と話に入ることができます。

このようにニュースを話題にする時でも、全員が共感できるような話し方を心がけてください。

ニュースは「話題づくり」のために使えばよく、内容について話す必要はありません。

ですから、「今回は女性の入閣が過去最多」というニュースを見ても、

「女性がたくさん入閣したそうですが、育児をしながら大臣を務めるとしたら、すごいですね」

と言えば、たとえ政治の話に興味のない人でも、会話に入りやすいでしょう。

また、

「アイドルの○○が結婚相手に望む条件は、年収三千万以上！　これって、皆さんどう思います？」

などと話を振れば、たとえそのアイドルについて知らない人がいても、「話題」として使うことができます。

ニュースはあくまで会話を弾ませるためのきっかけ。必ずしも内容について話す必要はないのです。

「ふとした瞬間の沈黙」の上手な破り方

上手に沈黙を破る方法を身につけると、「あの人と一緒にいれば、会話がとぎれない」と思われて、頼りにされます。

たとえば、複数の人と会食をしていたとします。しばらく話が盛り上がっていたのですが、ふとした瞬間に会話が止まってしまいました。ここは雰囲気をギクシャクさせないためにも、あなたから「会話の口火」を切りたい場面です。

気をつけたいのは**「話題のチョイス」**です。全員にヒットする話題を提供しないと、誰かが置いてきぼりになってしまいます。これは参加人数が多ければ多いほど、直面する問題です。

友人との席ならともかく、とくに仕事先の人と一緒にいる席で誰かを置いてきぼりにするのは、いただけません。

こういった場面で有効なのは、**「質問」**です。質問をすれば相手は自分に興味をもってくれていると思い、言葉を返してくれます。

たとえば、その場にいる誰かが車好きだということを思い出し、これを話題にしようと決めるとします。この時、

「○○さんは車がお好きとうかがいましたが、どの車がお好きですか?」

という聞き方をすると、聞かれた当人はうれしいかもしれませんが、車に詳しくない人が置いてきぼりになってしまいます。

車に関する話題を振るなら、

「○○さんの運転は穏《おだ》やかでしょう？　それとも荒いですか？」

といったように、相手の人柄にからめた質問にしましょう。こうした言い方であれば、全員が会話に参加することができます。

「先ほど車のお話をされていましたが、休日も運転されるのですか？」

といった質問をして、話題を「休日の過ごし方」にもっていってもいいでしょう。

「話題」を斜めに展開していく力

また、質問することが場の沈黙を破るいい方法だとしても、あまりに突拍子《とっぴょうし》もない質問をしては、その場にいる人たちが違和感を覚えます。なので、それまでの会話に出てきた話題をもとに質問をするのが、上手な沈黙の破り方です。

そのためにも、各メンバーの会話内容をしっかりと聞いて覚えておきましょう。

たとえば、その場にいる男性から、「日曜日の朝食はいつも、妻ではなく私がつくっているのですが」という話が出ていれば、沈黙が訪れたあとにこのように尋ねてみます。


「先ほど聞きそびれたのですが、朝食にはどのようなものをつくられているのですか？」

「先ほどのお話ですが、日曜日の朝は奥さまもゆっくりされているのですか？」


「同じ話題をとりあげるのはどうなの？」と思うかもしれませんが、別にかまいません。

ひとつ目の会話例では「朝食の定番メニュー」が、二つ目の会話例では「日曜日の朝の過ごし方」が主役の新しい話になっているからです。

これによって、ほかのメンバーも「平日は奥さまがつくられているのですから、おあいこですよね」と会話に参加しやすくなるでしょう。

「ひと言付け加える」だけで印象アップ

そして、会食や飲み会のあとで忘れてはいけないのは、お店を出たあとで、

「本日はお話しくださって、ありがとうございました」
「楽しいひと時をありがとうございました」

というような感謝の言葉を伝えること。引き立てられる人は、このような気くばりを忘れません。

もし取引先と飲んでいて遅い時間になってしまったら、後日顔を合わせた時でかまいませんので、

「先日は遅くなりましたが、夜道は大丈夫だったでしょうか」
「先日は遅くなってしまいましたが、お疲れではなかったでしょうか」
「翌日のお仕事に影響は出なかったでしょうか」

と、ひと言伝えるだけで、印象がよくなります。
そのほか、飲み会の翌日に、同僚や部下に対しても、

「昨日は遅くまでつき合わせてしまったけど、大丈夫だった？」

とねぎらいの言葉をかけるだけで、「信頼できる」「頼りになる」と思われるでしょう。

「高校生以来です」は魔法のフレーズ

話を振っても、あまりよい反応が返ってこない。そんな相手の興味・関心をこちらにグッと引き寄せる魔法のフレーズをご紹介しましょう。

それは**「高校生以来です」**というフレーズです。

たとえばあなたが、

「昨日は待ち合わせに遅刻しそうだったんで、猛ダッシュしましたよ～」

と伝えたとします。ここで相手から、「そうなんだ」と短い答えしか返ってこなかったら、こう付け加えます。

「あんなに走ったのは、高校生以来でしたよ〜」

学生以来というフレーズでもかまいませんが、この「高校生以来」というフレーズは相手のなかでイメージがふくらみやすいのです。

相手に「想像する余地」を与える

このフレーズは、いろいろなシチュエーションで使えます。

「こんなに階段を上ったのは高校生以来ですよ」
「ジェットコースターに乗ったのは高校生以来だよ」

など。

「あんなに走ったのは、高校生以来でしたよ～」

と言われた時、相手は頭のなかで、

「いったいどれだけ走ったんだろう？」

「最近、運動不足なのかな？」

「そういえば自分も高校時代からほとんど走っていないな」

「この人の高校時代は、どんな感じだったんだろう？」

と、想像がどんどん広がっていきます。


相手の反応が悪いのは、「どう返したらよいか、わからないから」という時も多いもの。このように、**「想像の余地」を与える**ことで、返答がしやすくなる人もいます。

相手が思ったことを口に出してくれたら、どんどん会話が広がっていくでしょう。

あと20周!!
いっけね!!遅刻!!!
今日はイミもなく走りてぇ!!
こんなに走ったのは高校生以来ですよ

子どもがいる人への「鉄板の話題」

あまり会話が弾まない人であっても、その人に子どもがいるなら、「子どもの話題」から会話をふくらませていくこともできるでしょう。

なぜなら、子どもをもつ人は大抵、「子どもの話題」にノッてくるからです。

いわば**「鉄板の話題」**とも言えます。

ただし、なかにはプライベートな話題を嫌う人もいますので、まずは、

「そういえば、○○さんにはお子さんがいらっしゃるのでしたね」

といった言葉をかけて様子を見ます。煙《けむ》たそうな顔をされなければ、そのまま

子どもの話を続けて問題ありません。

こう聞けば、相手は喜んで話してくる

注意点は、

「お子さんの成績はいかがですか?」

「どちらの学校に通っているのですか?」

といった子ども中心の質問を避けることです。また、こういうことは子どもの能力に関わってくるので、相手の口が重くなる場合もあるからです。

まずは「おいくつですか?」と年齢を聞いてから、「かわいい年頃でしょうね」など、相手の立場になって話を広げます。

こうすれば、話の主役は「子ども」ではなく「子どもをもつ親である相手」になるので、敬遠されることはありません。そこから、

「お子さんには厳しいほうですか？」
「勉強を見ることはありますか？」
「口答えをされた時は、どうするのですか？」

と聞いていけば、喜んで自分の子育てエピソードを話してくれます。

そこから、

「奥さん（旦那さん）は、お子さんに甘いほうですか？」

という話につなげると、今度は夫婦間のことにまで話題を広げることもできるでしょう。

「何気ない話」を覚えておくだけで――

話し方がうまい人というのは、大抵、**交わした会話の内容を覚えておく**ことを心がけているものです。

たとえば、「出身は名古屋で……」という話を聞いていたとすると、これを後日、会話のなかに含めるのです。もちろん、なんの脈絡もなく切り出すわけにはいかないので、タイミングをはかる必要があります。

もし、名古屋の地鶏料理を出す居酒屋に一緒に行く機会などがあれば、まさにチャンスです。

「そういえば、○○さんは名古屋のご出身でしたよね」


こう言うだけで、好感度を上げることができます。

相手が同僚であれば、いただきもののお菓子を配る時などにも、

「○○さん、名古屋名物のお菓子、ういろうですよ！」

などと口にすることで、会話の糸口がつかめるでしょう。

「あなたに関心をもっていますよ」というメッセージ

相手の「何気ない話」を覚えているということは、

「私はあなたに興味をもっていますよ」

「あなたとの会話を大切にしていますよ」

という証拠になるので、相手も「自分のことをよく覚えているな」と心証をよ

くします。

雑談をしていて、個人的な情報にふれるような話題があれば、しっかりと記憶しておきたいもの。あとでメモをとっておくのもいいですね。

そして、

「○○さんのお子さんは、そろそろ五歳だったよね」

「たしか××君は、釣りが趣味だったね」

と話しかければ、相手はあなたと話すことが楽しくなり、あなたのことをますます信頼してくれるようになるでしょう。

相手の「得意分野」に話の水を向ける

人は自分の得意分野について「誰かに話したい！」と思っています。

たとえば、宇宙に詳しい人なら宇宙の話がしたいはずですし、ドラマやマンガに詳しい人ならドラマやマンガの話がしたいはずです。

どうしても距離が縮まらない相手には、こうした人間心理をうまく使って**「得意分野」について教えを請う**てみるのもいいでしょう。

その人と二人きりになって会話がとぎれてしまった時などに、

「僕は宇宙について無知なので、教えてもらえませんか？」

「『死ぬまでに一度は読んでおきたいマンガ』というものがあれば教えてもらいたいです」

「○○さんは株に詳しいそうですが、投資のコツを教えてもらえないでしょうか」

このように言えば、大抵の人は喜んで話してくれます。

「自分が好きなもの、得意なことの魅力を相手にわかってもらいたい！」という心理が働くからです。

ここで「それは面白そうですね！」とよい反応ができれば、相手も話が止まらなくなるでしょう。

そのためにも、相手の「好きなこと」や「趣味」などについて知っておく必要があります。

たとえば飲み会の席など数人でいろいろな話をしている時、「目の色が変わる」「急に口数が増える」という場面があれば、その話題に興味がある証拠。日頃の人間観察で、相手の得意分野を見極めておきましょう。

「教えたがりの心理」をツツく

相手の得意分野について、こちらから尋ねるのが相手との距離を縮めるのには最適ですが、それ以外でも「教えてほしい」と言えば、ちょっと苦手な人とでもコミュニケーションをとることが可能です。たとえば、

「スマートフォンの便利な使い方を教えてほしいのですが……」
「このあたりでおいしい店を教えていただきたいです」
「初心者でもできる簡単な料理について教えてもらえませんか」

のように、何でもかまいません。基本的に人は「教えたがり」なので、「頼られている」と感じれば悪い気はしないはずです。

そして、教えてもらったあとは、

「○○さんに教えてもらったおかげで、とても助かりました！」

とお礼を言えば完璧です。

または周囲の人にも、

「この間、○○さんにこんなことを教えてもらったんだけど、めちゃくちゃ役立ってるよ！」

と言えば、教えてくれた人の株も上がります。周囲の人に言ったことが当人の耳に入れば、いっそう距離が縮まるはずです。

相手の「自尊心」をくすぐる褒め方を

人を褒《ほ》める時、「すごいですね」や「さすがですね」という言葉がよく使われます。しかし、引き立てられる人、一目置かれる人は、一味違った切り口の褒め方をします。

たとえば、社内で仕事ができる先輩がいた場合、「○○さんの営業成績、すごいですね」というのは普通の褒め方です。ここは切り口を変えて、印象を強めたいところです。

たとえば、

「○○さんの営業のやり方、私にはマネができません。あこがれます！」

と言うだけで、「自分だけの褒め方」になります。ほかにも、

「○○さんの営業スタイルに衝撃を受けました！」

といった表現もできるでしょう。これらに共通しているのは「私はあなたから影響を受けています」というメッセージが相手に伝わっている、ということです。「あなたは私のとてもよいお手本になっていますよ」ということが伝わり、相手の自尊心をくすぐるのです。

「目をかけてもらえる人」はここが違う

褒め方の「切り口」を変えるとは、「人とは違った視点をもつ」ということで

す。それができれば、普通なら見すごしてしまう点に気づくこともできます。また、ほかの人よりも先に相手の気持ちを察して、相手の望む行動をとることもできます。たとえば、仕事はできても、あまり面白みがない。そんな人を褒める場合、このような言い方もできます。

「私が素人《しろうと》なら、○○さんのことを玄人《くろうと》と言うんですね！」

これは、相手が「たくさんの経験を積んでいる」ということを理解したうえで、そこを強調した褒め方になります。

また、後輩の指導がうまい先輩には、

「教え方がとてもお上手ですよね。僕ならとてもこうはいきません」

などがいいでしょう。また、難攻不落の顧客を次々に開拓してしまう〝やり手〟

の上司には、

「さすがです！　一番槍《やり》のお手柄は、いつも課長ですよね！」

など。先輩から多くのことを教えてもらった時も、ただ「ありがとうございます」とか「勉強になりました」と言うのでは、あまり印象に残りません。

ここは、

「プロの仕事方法を教わりました！」

「自分もそこまで仕事ができるようになりたいです！」

など、先輩を立てる言い方を心がけてください。ほかの人がしない褒め方をすれば相手の印象に残り、きっと目をかけてくれるようになるでしょう。

終わりに

「感情を込めて話す」と生きた言葉が伝わる

「話す力」とは、「自分の感情をキャッチする力」とも言えます。

自分の感情を知り、その時の感情を込めて話すことで、相手に「生きた言葉」が伝わるのです。

とは言っても、感情を押し殺さなくてはならない場面もあります。たとえば、「おまえは入社して何年になるんだ？　これだけ時間をかけてもできないなんて、無能だってことを自覚したほうがいいぞ」

こんな辛辣《しんらつ》な言葉を浴びせられたら、口では「すみません」と答えたとしても、内心は怒りに満ちているはず。でも、その場で怒りの気持ちを口にすることはできないでしょう。

ただ、場所と相手を選びさえすれば、ネガティブな感情だって吐き出してもいいのです。

「自分は怒らないタイプだから」

「ひどい言葉を言われるのは、自分に非があるからだ」

などと自分の気持ちにフタをしてしまうと、自分の「本当の感情」を見失い、「話す言葉」にも力がなくなってきてしまうからです。


怒りにかぎらず、悲しみや妬《ねた》みなども、けっして抑圧しないでください。

ネガティブな感情から目を背《そむ》けず、自分の素直な気持ちとして受け入れ、その感情を家族や友人など、近しい存在に思い切って打ち明けると、気分がラクになります。

カラッと話すと、相手も案外笑いながら聞いてくれるものです。

先述のようにキツい言葉を言われた場合でも、

「昨日、あの先輩にチクチク言われちゃってさ。きっと溜まったストレスを俺にぶつけているんだよ。本当に腹が立つよ」

などと言ってみましょう。「別に怒ってないし」と気持ちを押し殺して話すよりも、何倍も会話が弾みます。

そのほか、後輩が先に昇進して悔しい時も、

「ちくちょう、後輩が先に昇進しちゃったんだよ。悔しいなあ」

と悔しさを吐き出してしまうと、かえって「自分ももっと、がんばらなければ」と気持ちを切り換えられるものです。

暴力や暴言に発展しなければ、ネガティブな感情をもつこと、口に出すことに問題はありません。むしろ抑圧して溜め込みすぎると、人と関わることが億劫になってしまいます。

日頃から**「気持ちを伝える習慣」**を身につけることが、前向きに生きていくた

めにも大切なのです。
そして、いつでも「やさしさ」と「思いやり」を忘れずにいれば、あなたのまわりにはいい人間関係が築かれます。そして、チャンスが集まり、いろいろなことがスムーズに運び、今よりもっと気持ちよく生きられるでしょう。

最後までお読みいただき、ありがとうございました。

野口 敏

本書は、宝島社より刊行された『出世する人の話し方』を、
文庫収録にあたり加筆・改筆・再編集のうえ、改題したものです。

話《はな》し方《かた》がうまい人《ひと》 へたな人《ひと》

著者　野口　敏（のぐち・さとし）
発行者　押鐘太陽
発行所　株式会社三笠書房
〒102-0072 東京都千代田区飯田橋3-3-1
電話　03-5226-5734（営業部）　03-5226-5731（編集部）
https://www.mikasashobo.co.jp
印刷　誠宏印刷
製本　ナショナル製本

 ISBN978-4-8379-6947-1　C0130

王様文庫

気くばりがうまい人のものの言い方

山﨑武也

「ちょっとした言葉の違い」を人は敏感に感じとる。だから…… ◎自分のことは「過小評価」、相手のことは「過大評価」 ◎「ためになる話」に「ほっとする話」をブレンドする ◎「なるほど」と「さすが」の大きな役割 ◎「ノーコメント」でさえ心の中がわかる

心が「ほっ」とする小さな気くばり

岩下宣子

「気持ち」を丁寧に表わす65のヒント。 ◎人の名前を大切に扱う ◎手間をかけて「心」を贈る ◎ネガティブ言葉はポジティブ言葉に ◎相手の「密かな自慢」に気づく ◎「ありがとう」は二度言う ……感じがよくて「気がきく人」は、ここを忘れない。

いちいち気にしない心が手に入る本

内藤誼人

対人心理学のスペシャリストが教える「何があっても受け流せる」心理学。 ◎「マイナスの感情」をはびこらせない ◎〝胸を張る〟だけで、こんなに変わる ◎「自分だって捨てたもんじゃない」と思うコツ……etc.「心を変える」方法をマスターできる本！

K30515

王様文庫

シンプルだけど心にひびく大人の気くばり

吉原珠央

「さすが！」と思われる人の話し方・気の使い方とは？　受け身の姿勢に見られるよりも、ちょっとしたやり方、スキルで前向きな気持ちは伝わる。そして、あと少しの想像力を……。＊「素敵！」と思ったらすぐ声に出そう　＊「知性的、かつ上品」という自分を守るバリア

面白いほど伝わる話し方

福田　健

さわやかに、スパッと、わかりやすく！「話がクリアな人」は頭の整理もうまい！　＊聞き手が「親しみを感じる」表現　＊「話の順番」が事前にわかると安心して聞ける　＊「体験談」くらい面白いものはない　……いい人間関係は、いつも「わかり合う」ことから！

ちょっとだけ・こっそり・素早く「言い返す」技術

ゆうきゆう

仕事でプライベートで――無神経な言動を繰り返すあの人、この人に「そのひと言」で、人間関係がみるみるラクになる！　＊たちまち形勢が逆転する「絶妙な切り返し術」　＊キツい攻撃も「巧みにかわす」テクニック……人づきあいにはこの〝賢さ〟が必要です！

K30535

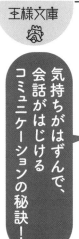

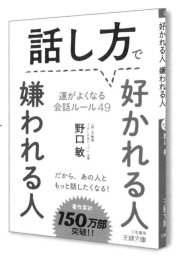